El sexto sentido

Ursula Fortiz

EL SEXTO SENTIDO

dve
PUBLISHING

A pesar de haber puesto el máximo cuidado en la redacción de esta obra, el autor o el editor no pueden en modo alguno responsabilizarse por las informaciones (fórmulas, recetas, técnicas, etc.) vertidas en el texto. Se aconseja, en el caso de problemas específicos —a menudo únicos— de cada lector en particular, que se consulte con una persona cualificada para obtener las informaciones más completas, más exactas y lo más actualizadas posible. EDITORIAL DE VECCHI, S. A. U.

© Editorial De Vecchi, S. A. 2018
© [2018] Confidential Concepts International Ltd., Ireland
Subsidiary company of Confidential Concepts Inc, USA
ISBN: 978-1-68325-826-1

Índice

7

El despertar de un sentido

¡Hablemos del sexto sentido! Cuando comencé esta obra empecé a plantear, en las conversaciones mantenidas con numerosas personas de opiniones y sensibilidades muy diversas, esta cuestión un poco abrupta.

Ninguno de mis interlocutores se sorprendió, sino más bien al contrario.

El sexto sentido interroga, fascina. ¿Es el de la precognición? ¿Es el de la conjunción azar-realidad? ¿Es una manera de nuestro subconsciente de revelarnos nuestros verdaderos deseos? ¿Es una derivación de la telepatía? Estas y otras cuestiones, así como los detalles que se derivan, han sido abordadas.

El hombre posee unas capacidades psíquicas sorprendentes, algunas de las cuales dan lugar al debate: sensibilidad, receptividad, discernimiento (clarividencia, clariaudiencia), telepatía, telequinesia, premonición, retrocognición, etc. Abordar el sexto sentido, significa necesariamente abordar todos estos temas, pero también detenerse en los trabajos de Freud, Jung, etc.

No es mi intención realizar un estudio científico *stricto sensu*, o un estudio sobre parapsicología. El objetivo manifiesto de esta obra es:

— presentar todas las nociones conectadas al sexto sentido (la imaginación, los sentidos, el espíritu, el tratamiento personal de la información recibida en tiempo real, etc.);
— confrontar los diversos puntos de vista: el lector encontrará numerosas opiniones que permiten conocer, mediante las citas, las diferentes posiciones de pensadores, investigadores, escritores, etc.;
— presentar ejercicios relacionados con el sexto sentido (meditación, desaparición del miedo; eliminación de la frustración, etc.).

Además, a partir de ejemplos concretos extraídos de la vida cotidiana, intentaremos comprender mejor qué es el sexto sentido y sus múltiples manifestaciones.

Intentando analizar todos los campos de explicación, de realización y de investigación del sexto sentido, mi primer deseo es conducir al lector hasta un mayor conocimiento del hombre y de su vida interpersonal.

Para terminar, damos la palabra a Gide en *Les Nourritures terrestres*: «Todo conocimiento que no es precedido de una sensación es inútil».

¡Manos a la obra!

EL AUTOR

Primera parte

EN BUSCA
DEL SEXTO SENTIDO

De la observación
a la constatación

Según se observe a las personas de lejos o de cerca, se creerá que todas se parecen o bien que son muy distintas. Es bueno destacar esta diferencia de posición en el espacio, que haría que un marciano nos mirase sin comprendernos mejor que lo que nosotros mismos comprendemos a las hormigas o los cromosomas.

Una mirada distante conducirá a la constatación de que cada uno está dotado de dos brazos, dos piernas, dos ojos, dos orejas, etc., pero también, entre otras cosas menos aparentes, de cinco sentidos que son iguales para todos. En otras palabras, todas las personas están preparadas para tener la misma aproximación al mundo exterior y, por ello, las mismas relaciones con las demás personas.

Cuando, llevado por su curiosidad, un observador se encontrase entre las personas, constataría la evidencia de que no todas son iguales. Quizá sus gustos lo atrajesen más hacia unos que hacia otros, y al intentar comprender por qué de cerca son tan diferentes, se daría cuenta de que hay dos razones principales. Una es que no todos vienen al mundo en las mismas condiciones, cada uno llega con un capital y unos recursos diferentes. Unos tienen más capital que recursos y otros a la inversa. Son raros los que disponen de las dos cosas. Algo así como si se tratara de un negocio del que cada uno dispusiese al principio, con la posibilidad, a lo largo de su vida, de hacerlo fructificar o desaparecer.

La otra razón que hace a las personas distintas es que, si bien están todas dotadas de cinco sentidos que les permiten la relación con el mundo exterior y con las otras personas, no todas los utilizan de la misma manera. Se plantea entonces una cuestión: ¿qué más tienen aquellos que aprovechan mejor la vida, o aquellos que la construyen basándose en la utilización de un único sentido: perfumistas, cocine-

13

ros, músicos u otros? Ya podemos preguntarnos, por lo tanto, si algunas personas no estarán dotadas de sentidos suplementarios: el sexto sentido, por ejemplo.

La imaginación

Es necesario precisar en qué consiste la imaginación. Decir: «Si esto no existe hay que inventarlo» es lo contrario de la imaginación porque se parte, en este caso, del estado de alguna cosa que no existe... y son muchas las que no existen. Así, se puede soñar con hacer existir cualquier cosa a partir de su ausencia. Por ejemplo: no hay un automóvil que pueda transportar cuatro personas consumiendo un litro de gasolina a los cien kilómetros, a ciento cuarenta kilómetros por hora de media. Respuesta: hay que inventar un automóvil atómico que llene este vacío. Esta es la clase de respuesta que demuestra una total ausencia de imaginación porque procede de un desconocimiento de la realidad. Para que la imaginación pueda ponerse en acción, es necesario que haya materia y problema, o al menos duda.

LA IMAGINACIÓN PRÁCTICA

La imaginación permite resolver de manera poco habitual o nueva un problema surgido de la realidad, mediante unos medios igualmente obtenidos de la realidad.

Un señor ha comprado una pequeña casa de guardabarreras de una línea de ferrocarril que ya no se utiliza. Está a siete kilómetros de la ciudad en la que trabaja, que era atravesaba por esta línea. No tiene, además, ningún deseo de comprarse un coche. ¿Cómo ha resuelto su problema? Respuesta: ha comprado una plancha de 3,10 x 1,53, de 22 mm de grosor. Debajo ha adaptado cuatro ruedas de aluminio. Encima ha instalado un mástil y una vela. En esa zona los vientos son fuertes y constantes. Resultado: su artefacto rueda a veces a más de setenta kilómetros por hora, y nunca necesita más de un cuarto de hora para llegar a su trabajo.

Yo...

Una persona es en sí misma un mundo, un *ego*. Se podría llamar a eso un *mundo interno*. En nuestro planeta conviven varios millones de mundos internos y el conjunto representa para cada uno el mundo externo, es decir, el otro, el *alter*. Cada uno puede decirse: el mundo externo está formado por todos los otros, salvo yo. Si esto se lleva bien, se puede decir que se trata de una relación altruista, porque va del *ego* al *alter*. Si se lleva mal, se trata, por el contrario, de una relación egocéntrica. La cuestión del sentido es importante.

La parte común impuesta a estas dos formas de una misma relación es la realidad, porque una misma realidad está al alcance de todos. La diferencia entre las personas es la manera según la cual ellas quieren moverse y sentir en presencia de esta realidad, porque hay dos maneras de comportarse. O bien uno se integra en el mundo y se adapta, o bien integra el mundo en sí mismo, y resulta lo contrario de la adaptación, porque para llegar a ello es necesario apremiar al mundo según las propias necesidades y naturaleza, y eso no es fácil. En el primer caso la relación es altruista porque se fundamenta en el reconocimiento del otro, lo cual permite su conocimiento y, por ende, un estado de equilibrio. Es patente en este caso que la persona acepta considerarse como una parcela del mundo, es decir, poca cosa. En el segundo caso la persona no soporta ser solamente una seis millonésima parte del conjunto. Por la misma razón no comprende que él, a decir verdad el ser más interesante que conoce, no sea más importante, indispensable para el mundo. Se puede concluir constatando que entre el mundo y la persona hay una relación de sentido positivo o negativo según haya aceptación o rechazo del otro. En el segundo caso se podría hablar de un contrasentido agotador. De este modo, hay personas que pasan su vida batiéndose «contra» en lugar de batirse «para».

Así pues, cualquiera que sea la posición del individuo, en el buen sentido o a contracorriente, es el actor en el inmenso teatro de la eterna comedia humana. Este papel de actor y la presencia de los espectadores que llenan la sala implica la necesidad de comunicar con el objetivo de hacerse comprender por los demás, antes que comprenderlos a ellos, ¡ay! Eso es humano.

15

La comunicación

Es lo que permite permanecer en el mundo, integrarse en él a través de los sentidos, que están en el punto de partida de todos. Es preciso tener cuidado siempre de no darles un papel o una importancia que no tienen. En realidad los sentidos son las compuertas que permiten la recepción de las informaciones procedentes del mundo material, en tanto que uno acepta asimilar a otra persona al mundo material. No son nada más. La manera en la que cada persona recibirá o no, es decir, acumulará u olvidará las informaciones, no procede de los sentidos sino del intelecto, el motor de ahora en adelante. Los sentidos pueden verse como los instrumentos del conocimiento, de los que cada uno, según su espíritu o sus necesidades, hará una utilización personal.

Aceptemos por un instante proponer que un clarinete sea, en tanto que instrumento, comparable a uno de nuestros sentidos, y facilitémoselo a dos personas. Apreciaremos sorprendentes diferencias en la utilización del instrumento. Cuando uno ya interprete una sinfonía de Mozart, el otro estará todavía con *El claro de luna*. Detrás de cada uno de nuestros sentidos hay una noción del placer.

Nuestros sentidos son instrumentos

Acabamos de hacer alusión a una amplia utilización de los sentidos en su acepción de instrumentos. Entre la acumulación de las enseñanzas recibidas y la utilización que se deriva hay un proceso de transformación que es de hecho el espíritu motor. La consecuencia de ello es un proceso de reenvío hacia el exterior (¿comunicación?), en una proporción ínfima, de materia transformada en relación a la materia recibida.

Entonces se plantea una cuestión: ¿qué pasaría si tuviéramos la posibilidad de exteriorizar una parte de todo lo que nuestros sentidos nos hacen interiorizar?

Y también: ¿qué pasa entre el momento en que interiorizamos enormes cantidades de datos y el momento en que exteriorizamos una pequeña parte bajo la forma de conjuntos más o menos armoniosos?

Seguro que esto hace pensar en un ordenador y plantearse hasta qué punto esta máquina está concebida a imagen del espíritu humano, como un espejo.

Antes de responder a esta pregunta, aceptemos un estéril juego de la imaginación. Si tuviéramos un sexto sentido, es decir, un instrumento suplementario, ¿qué es lo que sucedería, en caso de que fuera posible concebir cualquier cosa que no existe? ¿Nos volveríamos invisibles por momentos?, ¿comprenderíamos el pensamiento de los otros?, ¿viviríamos en el agua como un pez?, ¿veríamos a través de las paredes?, ¿nos desharíamos de la materia corporal para que no quedara más que espíritu?, ¿nos desintegraríamos en un lugar para poder ser reintegrados en otro sitio miles de años luz más lejano? Esto parece ciencia ficción. Y, sin embargo, se oye hablar a menudo del sexto sentido de modo irreflexivo.

Otra cosa remite al espíritu cuando comparamos la suma de conocimientos almacenados por el intelecto y la suma de producciones-ideas construidas por el mismo intelecto. ¿Utiliza solamente una milésima parte de lo que los sentidos ponen a su disposición?

¿No propondría esta pregunta una aproximación empírica aunque limitativa de lo que podría ser el sexto sentido, en caso de que hubiese uno? ¿Una capacidad para utilizar mejor lo que aportan los cinco primeros? Sea lo que sea, estamos tentados de afirmar que gran parte de todo lo que almacenamos entra en este espacio inmenso y fabuloso que se llama inconsciente. Ya tendremos la oportunidad de volver sobre ello más ampliamente.

¿Podemos educar los sentidos?

Nuestro primer sentido es la vista, a la que se considera generalmente el sentido más importante. ¿Se puede mejorar el sentido de la vista?

Sí, se responderá sin dudar, pero es necesario concretar cuál es el campo de aplicación de esta mejora. ¿No es evidente que este campo de acción será, por necesidad o por vocación, propio de cada uno? ¿No presentimos que esta mejora se podrá hacer, en sentido propio, hacia la realidad o, en sentido figurado, hacia el intelecto, es decir, en una acepción material o espiritual?

¿Qué es mejorar la vista para un marino, si no ver más indicios y desde más lejos, para prever la próxima situación meteorológica y en consecuencia los peligros? ¿En qué consiste esta mejora para el propietario de una galería de arte? Lo que hay que destacar es que, en los dos casos, la utilización repetitiva del ojo, del mismo modo que se entrena un músculo, conducirá a uno y a otro a una forma de instinto-conocimiento experimental que le permitirá aprehender cosas, presentes o futuras, más allá de la capacidad de los otros. Por otra parte, ¿en qué consiste la mejora del oído para un guerrillero, o para un músico?

Atravesando el estrecho de Mesina, el patrón de un yate le dice a su propietario: «mire allá a lo lejos, hay una isla». «Una isla, ¿dónde? ¡No veo nada, ni siquiera con prismáticos!» La explicación no es evidente, pero sin embargo es simple: este marinero, a fuerza de observar siempre el horizonte, llega efectivamente a ver más lejos, pero en realidad lo que ve, porque lo busca, es esa ínfima aglomeración de pequeñas nubes pálidas que flotan sobre las tierras que se acercan y las distingue de las que permanecen todavía invisibles bajo el horizonte. Así pues, lo que ve el marinero no lo ve con sus ojos sino con su espíritu.

Un señor llamado Poulet-Malassis, muy aficionado a las artes y más todavía a la pintura, disponía de un poco de dinero, así que compró unas pinturas y después se hizo marchante. Al final de la época impresionista se había convertido en uno de los más importantes marchantes y coleccionistas que París había tenido nunca. Compraba telas a precios irrisorios, no ya por un espíritu de lucro, sino porque las pinturas de esta época no llegaban a venderse ni siquiera a bajo precio. Poulet-Malassis no conseguía vender mejor que los demás sus Gauguin, Cézanne o Monet, pero él los conservaba porque creía en ellos. Sabía que un día serían oro. ¿Tenía este marchante el don de una doble vista? No, pero, como el marinero, veía más lejos con su espíritu.

Más o menos viene a suceder lo mismo con cada uno de nuestros cinco sentidos. Todos son susceptibles de ser mejorados en una proporción a veces sorprendente, por razones profesionales o por placer. Todos conocemos que existen catadores de vinos, pero también hay personas que trabajan catando el agua. Es como el caso de los ciegos que adivinan ciertos colores sólo con sus dedos, o como el sabor de la persona amada que permanece inaccesible para los demás.

> *Todo lo que no es mensurable es mejorable por razones personales o profesionales.*

18

La importancia que tienen nuestros sentidos

Un ciudadano intentaba hacer la suma de todo lo que sus sentidos habían estado registrando, recordando una jornada normal; necesitaba convenir que esta impresionante suma es superior a la capacidad de su memoria y que era casi una imagen del infinito, teniendo en cuenta sobre todo estos dos sentidos, los más solicitados: la vista y el oído. La tarde iba cayendo, pero ¿qué le faltaba?

El tren elevado pasa a la altura de un primer piso; la tarde, en invierno, y la mirada se detiene en unas cocinas iluminadas, ve personas, un comedor. Una muchacha cierra una puerta detrás de ella. ¿Cuál era el color de su abrigo? ¿Y de sus cabellos? Más allá de su agudeza visual y de su penetrante imaginación, ¿no está a punto de inventar aquello que no ha visto? ¿Es consciente de estar a punto de escribir el segundo capítulo en la vida de esta muchacha, de la que acaba de inventar el primero? ¿Dónde está la diferencia entre lo que verdaderamente ha visto, lo que apenas ha visto y lo que inventa? En suma, ¿qué importancia hay que dar a estos sentidos que nos engañan repetidamente?

De lo que acabamos de proponer podríamos preguntarnos si nuestros sentidos son a la vez todo y nada. Todo parece indicar que sin ellos la realidad no es perceptible y, si no analizamos esa realidad, valemos poco más que un vegetal.

Imaginemos un señor que está escribiendo un libro sobre el sexto sentido y cuya mirada recorre un anuncio en el metro. ¿Qué pasará? Nada, porque no hay ninguna razón para que pase nada. Imaginemos ahora que debajo de este anuncio, en grandes letras se pudiera leer... *Sexto sentido*. ¿Que pasaría entonces? Nuestro hombre se detendría, leería el anuncio y comprendería que se trata de un anuncio para una empresa de telecomunicaciones. Si no hubiera estado preocupado por este tema sus ojos no se hubieran detenido para realizar este esfuerzo: leer, es decir, tomar conciencia. Aunque nada impide que en ese caso también hubiera visto el anuncio. La decisión de registrar o no tal información se toma por la existencia de un elemento anterior a nuestros sentidos. Llegado el caso será situada a un nivel u otro en función de su interés: posible, probable, cierto. ¿Cuál es este elemento? El espíritu.

> *El espíritu actúa como un instrumento de selección de la información. Su manera de proceder es a la vez activa y pasiva porque puede captar una información que pasa o inventar una información que falta.*

¿Sentidos o espíritu?

Una persona normal dispone de cinco sentidos: el oído, la vista, el gusto, el olfato y el tacto. Cada uno de estos sentidos le permite una relación tipo con el mundo exterior, ya sea idea o materia. Esta relación es egocéntrica porque va desde un mundo exterior periférico hasta la persona que constituye el centro. Pero también eso implica que tenemos a nuestra disposición cinco instrumentos de comunicación y nada más. En fin, es así hasta que se demuestre lo contrario.

El sentido del oído permite oír los sonidos y los ruidos. Un martillo hidráulico que funciona a ciento diez decibelios es un ruido desagradable para el oído y el espíritu. La turbina de un avión a reacción que ruge a cien metros produce un ruido insoportable porque crea un malestar físico. Igualmente, un amplificador que genera sonidos de baja frecuencia cada vez de mayor potencia destruirá en primer lugar nuestros cristales y después nuestros tímpanos. Se puede admitir que el oído clasifica los sonidos según le son desagradables, indiferentes o agradables. Un sonido puede ser agradable o no según su naturaleza o nuestras preferencias. El sonido cristalino de una campanilla que se oye en el despertador es a menudo agradable para quien no tiene la obligación de levantarse. ¿Es acaso lo mismo para ese viejo sacerdote artrítico que siente la íntima voluntad de dejar su cama a las cinco de la madrugada para cruzar la calle e ir a decir la primera misa?

La música es bella cuando endulza las costumbres y colma de felicidad a los amantes. Pero, ¿qué es la música? ¿Es una canción de Jimmy Hendrix o el concierto para clarinete de Mozart? Intentar responder a esta cuestión implica un sistema de decisión basado en la simplicidad del sí o del no; amar o no amar. Así, se percibe que detrás del sentido del oído, que sólo es la facultad psicológica de oír los sonidos que proceden del mundo exterior, está el juicio personal presente surgido de la educación recibida. Uno y otra, juicio y educación, determinan la especificidad del sentido del oído propio de cada uno.

El sentido del oído es, pues, una ventana del intelecto siempre abierta hacia el mundo exterior, que deja entrar permanentemente sonidos y ruidos agradables o no. Se puede ir más lejos en la diferenciación entre agradable y agresivo. ¿Le gustaría tanto esta canción de Jimmy Hendrix que oye con calma en su propia casa si la oyera en una ruidosa discoteca?

Detrás de un sentido, el del oído por ejemplo, el espíritu vela por la decisión de consagrarse por entero o no a lo que oye, es decir, a escuchar. ¿No es, en este caso, el espíritu el que escucha, más que el oído? ¿Qué pasa entonces, cuando el espíritu decide no escuchar, incluso cuando continúa oyendo?

Parece que el sentido de la vista funciona de la misma manera, lo cual le permite ver o mirar. En ambos casos se trata de una puerta de comunicación que normalmente está abierta. Sin embargo, se impone una restricción: si el espíritu no puede disminuir la cantidad de información recibida, puede disminuir la importancia o incluso negarla. Nuestros sentidos permiten pues una relación activa o pasiva con el mundo exterior.

Usted está trabajando en el despacho y escuchando una canción que en algún momento le hace prestar atención. Escucha entonces atentamente durante uno o dos minutos, después su atención decrece y vuelve a su trabajo. Pero la canción que sólo está oyendo continúa entreteniendo su espíritu en un estado agradable. De repente el teléfono suena, lo descuelga y la voz que canta le perturba. Entonces usted no oye nada, ni siquiera aquel cambio de ritmo que inconscientemente seguía con placer.

El alguna ocasión usted ha asistido a conferencias o a visitado museos. ¿Durante cuánto tiempo, al margen de sus oídos o de sus ojos, permanece concentrado su intelecto escuchando, comprendiendo, memorizando? ¿Durante cuánto tiempo sus ojos escrutan, analizan, comprenden lo que están mirando? ¿Desde qué momento no hace más que ver, y desde entonces, qué hace con lo que ha visto sin mirar, con lo que ha oído sin escuchar? Nuestros sentidos nos proporcionan un bagaje continuado de informaciones, pero la capacidad de nuestro intelecto, su facultad para tratar la información decrece rápidamente.

Así pues, por el hecho de que nuestros sentidos funcionan, ya reciben informaciones que nuestro intelecto almacena o deja inutilizadas en un inmenso cedazo de entrada. Entonces ¿qué pasa con todas esas informaciones no clasificadas ni utilizadas?

Otra cuestión delicada: ¿El volumen de informaciones a disposición de cada uno es de igual calidad para todos? ¿Qué razones harán que pueda ser diferente?

Y otra todavía: ¿Tenemos todos la misma capacidad selectiva, la misma potencia de tratamiento, los mismos intereses?

■ El espíritu y el intelecto

Al principio está el espíritu. Según su interés, decide poner en funcionamiento el intelecto, motor más o menos ágil, cuya utilidad es tratar la información que llega en oleadas continuas.

En la calle uno pasa delante de un anuncio que alaba los encantos de un inmueble residencial recientemente construido. La vista percibe que este inmueble, a ese precio el metro cuadrado, tiene piscina. ¿Y entonces? La cuestión está precisamente ahí. O bien esta información, por interés, ha llegado a su espíritu, o bien se ha quedado en su vista. Si ha entrado, el intelecto ha podido colocarla en diferentes niveles. Inicialmente el estado de las cosas es, pues, sencillo: o bien su espíritu tiene una disposición a dejar pasar esta clase de informaciones o bien no la tiene. Como la corriente eléctrica.

Un primer caso, A, podría ser el del señor que espera un segundo hijo y tiene un apartamento demasiado pequeño. Un segundo, B, podría ser el de un señor que vive en un apartamento en el que no paga alquiler. Entre estos dos extremos, el interés o la curiosidad de cada uno puede situarse a distintos niveles.

1. 420.000 ptas. el metro cuadrado, es el mismo precio que en todas partes.
2. A este precio, justo en el límite de la periferia, no es interesante.
3. Inmueble construido en piedra tallada, piscina para los niños, etcétera.

Aquí nuestro cliente se detiene para leer el resto del anuncio.

4. No está muy lejos de mi trabajo.
5. No he de hacer transbordo en el metro, etc.

Esto muestra que una información dada, la misma para todos, es tratada de forma diferente por cada uno de nosotros y que, detrás de las autopistas de la información que son nuestros sentidos, se esconde una poderosa oficina de tratamiento cuya capacidad varía según el interés de cada uno. La cuestión está entonces en comprender cómo cada uno la siente y la trata según su grado de sensibilidad, su estado de ánimo, su experiencia. ¿Qué se desarrolla de esta masa de informaciones recibidas y del espíritu único de cada uno, para constituir un sentido suplementario, una percepción diferente y personal? Por otra parte, si admitimos que estamos todos en el mismo caso, admitiremos de buena gana que este sentido suplementario pueda ser desarrollado de forma diferente en cada uno.

> *La información es permanente. El intelecto no es más que el motor. El espíritu es a la vez el comienzo y el fin.*

Variabilidad de la información

Hemos intentado mostrar antes que una información dada es de interés variable para cada uno. ¿Qué pasa con la información global que está a disposición de todos? Está claro que lo positivo está en la información misma, pero no está menos claro que el beneficio no existe más que para el que la va a recibir. Dicho de otro modo, cualquiera que sea el interés propio de una información, la variabilidad de este interés es específica para cada uno.

La mejora de un sentido dado reposa sobre dos condiciones: la experiencia o el entrenamiento, y el deseo, vocación o necesidad. Admitiendo que todos estamos dotados de los mismos cinco sentidos, ¿estamos todos dotados de los mismos deseos o necesidades? Evidentemente, no. Incluso cuando dos personas tienen los mismos deseos, ¿acertarán a satisfacerlos de la misma manera? No, sin embargo pueden ver, oír, y sentir las mismas cosas. Si pedimos a dos alumnos del último curso que describan su instituto, el resultado será diferente. Más allá de la capacidad de recepción de nuestros sentidos, que podría ser más o menos igual físicamente en todos los individuos, hay un primer elemento que genera una dinámica de organización antes que de almacenamiento. Este primer elemento se alimenta de tres carburantes: la necesidad, el deseo y la curiosidad. Es el espíritu. Su característica no es estar completo sino ser siempre mejorable.

Esta posibilidad crea una dinámica fuerte o débil propia de cada uno, que entrena su utilización con un rendimiento más o menos bueno del intelecto. Este es el motor que funciona ante la demanda del espíritu. Parece una oficina de tratamiento o de reciclaje de la información. Su característica es ser potente o débil.

Tratamiento de la información

Se puede admitir que nuestros cinco sentidos actúan según procesos idénticos que constituyen cada uno una base de datos. La base de datos global será una mezcla distintiva, en cualidad y en cantidad, referida a una persona. Si uno acepta esta idea previa de que, de un individuo a otro, cada intelecto es diferente, como lo es cada espíritu, se puede pensar que cada uno utiliza de modo distinto sus sentidos e incluso que favorece algunos. Tendrá el acierto de ver ahí una alusión a lo innato y lo adquirido. Esto último estará formado por todo aquello que los sentidos aportan, casi lo mismo para todo el mundo. Lo innato será más o menos la calidad del motor, pero sobre todo la necesidad de hacer trabajar este motor.

¿Habrá, por otra parte, una razón para clasificar estos cinco sentidos según un orden de importancia decreciente, teniendo en cuenta un planteamiento de calidad, o mejor todavía, de indispensabilidad?

Para nosotros, que disfrutamos de la ventaja de ver, la ceguera se concibe como un problema insuperable. ¿Que pensaría un ciego si se le preguntara? Pero también, ¿qué pensaríamos nosotros de un ciego que rehusara recuperar la vista a cambio de perder otro sentido? ¿Habría estructurado un estado de equilibrio mediante el desarrollo de otro sentido que nos resulta desconocido?

A veces probamos un alimento nuevo que evoca, sugiere gustos más o menos familiares, alejados. Alguien comiendo almendras amargas, un día, escribía: «parece cianuro».

Siempre buscamos asociar una cosa nueva a alguna cosa conocida. Lo que nos sorprende a menudo nos recuerda a alguna cosa. Quizá se trata de una reacción inconsciente del espíritu, que tiende a reafirmarse ante lo desconocido. ¿Tendrá nuestro inconsciente alguna función que desarrollar en esta historia?

Hay personas, más bien de cierta edad, que conocen numerosos restaurantes importantes. En tanto que clientes, también ellos son importantes, como algunos chefs. Sin embargo, hay una diferencia entre el chef que prepara la comida y el cliente que la saborea. El primero ha desarrollado su sentido del gusto al mismo tiempo que el deseo de creación de una cocina de calidad. El segundo sólo ha desarrollado su sentido del gusto, sin el deseo de crear. Así pues, y con la misma condición de degustador, uno se beneficia de una calidad suplementaria que falta en el otro: el sentido de la creación.

Quizá haya leído *El perfume,* de Patrick Süskind, la historia de un hombre, medio loco, con un sentido muy agudo de los olores que lo transformará en un genio de los perfumes.

Olor, perfume... ¿nota la diferencia en relación con los otros sentidos? Aquellos en los que el espíritu de la persona es quien ejerce una acción selectiva. En este caso, parece que la relación sea más un asunto entre el sujeto y el objeto. Quizá haya en esta idea una diferenciación entre sentidos mayores y menores.

Todos tenemos el sentido del olfato más o menos desarrollado, pero se mantiene casi independientemente del matiz que se impone entre olor y perfume. Estamos cercados por los olores, a menudo desagradables, con que nos rodea la ciudad, tan poderosos que encierran en una nube estéril los raros perfumes que todavía flotan en el aire del atardecer. ¿No estará anulando nuestro sentido del olfato el alto grado de polución en la que nos sumerge el automóvil? ¿No estarán los martillos hidráulicos y otros artilugios consiguiendo anular la sensibilidad de nuestros oídos? ¿No estarán los pollos de cuarenta y un días a punto de imponernos a todos el gusto uniforme de una común mediocridad? El plástico, material universal, va sustituyendo poco a poco en todos los campos el calor tan atractivo de la madera. Por ahora las mesas de trabajo de la Biblioteca Nacional son de roble, pero ¿de qué serán después?, ¿de plástico? Es de temer. Porque las posibilidades comúnmente ofrecidas a nuestros sentidos se empequeñecen y se hacen cada vez más raras, y su delicada capacidad de selección disminuye.

> *Nuestros sentidos reciben las informaciones como una emisora de radio en la que la selección y la sensibilidad son más o menos afinadas.*

Ejemplos de manifestaciones del sexto sentido en la vida cotidiana

Muchas de nuestras acciones tienen un significado a veces aparente y a veces inexplicable. El espíritu quiere profundizar en el sentido de aquello que le seduce y olvida el interés de lo que no le atrae. Las cosas de la vida cotidiana tienen sin embargo un sentido, aunque quede incluso fuera de nuestras explicaciones.

Vamos a abordarlas aquí con la ayuda de ejemplos concretos en los que cada uno podrá verse reflejado.

El azar

Un domingo había un concierto en la abadía de Royaumont, en Francia. Los cuatro miembros de la familia Dupond tomaron el tren por la mañana muy temprano. Las señoras iban con sombrero, y los señores, que iban en bicicleta, se pararon dieciséis kilómetros antes de llegar a su destino para practicar un poco de ejercicio. Gabrielle Dupond no coge el órgano, y por esta razón rehúsa también coger su bicicleta. A la salida del concierto, el señor Dupond decide que es mejor comer aquí que más tarde en París. Delante de la puerta de un restaurante que se suponía de calidad, se acerca un señor, al cual reconocen por haberlo visto unos instantes antes en el concierto. Intercambian una sonrisa e inician la conversación.

—Creo poderles recomendar este restaurante —dice al señor Dupond el otro señor, que asegura ser el señor Durant.

—Ah bien, pero ¿por qué? —pregunta la señora Dupond.

—Todo indica aquí, señora, que es una casa de prestigio —respondió el señor Durant—. La carta, por ejemplo, fíjese que propone pocos platos. Eso hace suponer que aquí se descongela menos que en otras partes. Vea también que las legumbres son de la estación y que los postres son de la casa. Observe en las ventanas las cortinas de viejo algodón».

Después, examinando la carta con mirada miope, declara con aire de gourmet: «Creo que tomaré el pato con brócoli».

La comida, a un precio razonable, fue excelente.

«El señor de la conversación no se había equivocado —declaró Gabrielle, golosa, entre dos bocados de pastel de fruta—. Me pregunto cómo hace para estar tan seguro de sí mismo».

Todavía era de día cuando salieron del restaurante. Bernard, el hijo Dupond, invocó la clemencia del tiempo para regresar en bicicleta. El argumento era poco razonable teniendo en cuenta que la distancia era grande, pero también él se sorprendió porque se le concedió el deseo. A veces hay caprichos que es preferible no contradecir.

Llegó a casa antes que el resto de la familia, retrasada por un accidente en el tren. Los periódicos del día siguiente explicaron que, a causa de un descarrilamiento, murió una persona y veintiocho resultaron heridas en el tren que procedía de Royaumont. Por suerte, la familia Dupond no había pagado ningún tributo en este suceso.

«Has tenido mucha suerte», dijo Gabrielle.

Los pensamientos de los demás

Jeanne está sentada delante de su televisor. Sus ojos, más que mirarlas, ven las imágenes. Esta noche ha decidido que leería y que miraría la televisión. Ha consultado la programación y ha comprobado que no hay nada que le interese. Decide mirar cualquier cosa. De repente, sin razón alguna, se siente asaltada por una de esas crisis de nostalgia que le son familiares. Piensa en su hermano mayor, clarinetista en la orquesta filarmónica de la región del Loira, y, más concretamente, en su hija Louise, cuando era pequeña y su padre la llevaba por las mañanas a la guardería; Louise se obstinaba en no pasar por encima del muro de piedra del instituto, rodeado por una reja no muy alta. No quería o no podía explicarse. Mucho tiempo antes de que sus padres hubiesen dejado Tours, una ventana del cuarto piso crujió por un poderoso vendaval y un cristal se rompió y cayó sobre un niño. El asunto provocó un escándalo en la ciudad. Jeanne escuchó eso por azar y jamás lo explicó a Louise.

« La reja es la que debía de darle miedo —se decía a sí misma—, pero ¿por qué?».

Varios años más tarde, todos fueron al circo Bouglione. Eso fue antes de que Albert, el marido de Jeanne, muriese. El pobre estaba tan mal que, a pesar de haber sido siempre ateo, no pensaba más que en Lourdes. La vida tiene estas contradicciones. Louise tenía unos doce años. El circo programaba, entre otros números, uno de telepatía que la había impresionado.

—¿Cómo lo hacen, Jeanne? ¡Explícamelo!

—No lo sé, querida. En el circo no se sabe nunca si es cierto o es falso. El mundo no es más que una ilusión».

Mientras Jeanne se preguntaba si algún día podría tener la suerte de estar segura de alguno, sonó el teléfono.

—¡Es Louise!

—¡Hola! Louise, pensaba en ti. ¿Te acuerdas cuando eras pequeña? Tenías doce años, quizás, y habíamos ido…

—¡Al circo Bouglione!.

Átomos agudizados

Las dos jóvenes que se han instalado recientemente en el quinto y último piso son estudiantes. Si se le pregunta a la señora Georget, la portera, lo que piensa de ellas, seguramente respondería: «Oh señor, son dos muchachas de provincias que han recibido buena educación. Siempre dan los buenos días sonriendo». La señora Georget no se equivoca demasiado porque, en efecto, todo indica que estas jóvenes son muy educadas, una es de provincias y la otra es parisiense. El espíritu penetrante de la señora Georget padece a veces lagunas que su imaginación colma con holgura.

Louise y Gabrielle se han reencontrado durante el verano delante de Belle-île, donde sus padres se han alojado durante quince días. Más allá de la felicidad que da una amistad que nace, han descubierto con sorpresa que coincidieron en la escuela de la calle Ulm. Por eso, en cada una de ellas ha nacido enseguida el deseo de compartir un apartamento. Esta noche Gabrielle está feliz porque viene a cenar su hermano, al que no ha visto desde hace un año. Son las siete. Louise va y viene, curiosa, un poco nerviosa al pensar en este muchacho del que sabe tan poco, pero que no puede dejar de imaginarlo: más bien mayor, con los ojos azules como su hermana, gafas, y un viejo chaquetón de su padre.

Abajo, la puerta del inmueble se abre y aparece un hombre joven que se dirige hacia el habitáculo de la portera y golpea el cristal:

—¿Señor? —dice la señora Georget, al tiempo que un pensamiento espontáneo le recorre el espíritu: Estoy segura de que preguntará por las muchachas del quinto.

—¿La señorita Gabrielle Dupond?

—Quinto izquierda, señor —y en su fuero interno añade—: qué raro, habría jurado que preguntaría por la otra.

Cinco pisos más arriba la puerta de un pequeño apartamento se abre con prisa.

—¡Bernard!— exclama Gabrielle, sonriendo.

Detrás de ella aparece Louise, los brazos caídos, delgada y rubia, sonriente y tímida, aunque divertida.

La puerta da un golpe al cerrarse, y Gabrielle se coloca a un metro de su hermano para observarlo de arriba abajo.

—Te presento a Louise —le dice—. Es curioso, tengo la impresión de que has crecido, o quizás te has adelgazado —dice, mientras la mirada de los otros dos se cruza—.¡Pero qué son estos zapatos —se sorprende—, se diría que son los de papá!

—¿Siempre haces matemáticas? —le pregunta ella un poco más tarde, cuando están sentados a la mesa.

—Sí, pero he desarrollado una actividad paralela, juego a las carreras.

—¿Y ganas? —pregunta Louise, frunciendo el entrecejo.

—Sí, gano, pero no demasiado. La cuestión es tener medios económicos.

—¿Cómo lo haces?

—El 85 % es técnica, estadística, cálculos de probabilidad, y el 15 %, restante es olfato, las combinaciones improvisadas, la intuición quizás.

—¡La intuición femenina! —exclaman las dos muchachas, y se echan a reír.

Tenemos una cualidad única, surgida de la mezcla del espíritu y de los sentidos, de la que con frecuencia no tenemos conciencia.

¿Instinto?

Estas personas que durante un instante hemos observado, somos nosotros. Todo lo que hacen podríamos hacerlo nosotros.

Cuando el señor Durant, delante de la puerta del restaurante, asegura: «Aquí se debe de comer bien, pueden creerme», y cuando los demás comprueban que tenía razón, ¿es porque posee un sexto sentido parecido al de los gourmets? No, por supuesto, ya hemos explicado la sagacidad del señor Durant. Todo en ese lugar tenía un aire serio. Nada indicaba que pudiera haber algo artificial. El señor Durant es consciente de ciertos detalles que conducen su espíritu a una opinión: aquí será bueno, aquí no. Una cuestión, sin embargo, queda todavía pendiente: ¿Posee el señor Durant, además de su espíritu de observación, una cualidad o un sentido suplementario que le permite hablar con tanta seguridad? ¿Serían diferentes los olores, los colores, las luces de los buenos restaurantes? ¿Qué parte se debe a su experiencia como gourmet, basada en el placer gastronómico, y qué parte se debe a un don particular? ¿Precede este sentido a su vocación gastronómica, o bien esta se ha desarrollado al descubrir este don? De cualquier modo, esto confirmaría una proposición que ya hemos hecho, a saber: un sentido se desarrolla por el placer.

¿Premonición?

Cuando Bernard Dupond, por razones personales, rechaza tomar el tren para volver a París, ¿es un capricho o una premonición? Una premonición a modo de advertencia de que un acontecimiento va a ocurrir. ¿Está advertido el muchacho de que el tren de Royaumont va a descarrilar? No, no está advertido de nada, no desconfía de nada. Simplemente quiere volver en bicicleta. ¡Eso es todo! De acuerdo, pero ¿por qué? En efecto, ¿por qué? Esta es la cuestión. Pero al mismo tiempo, ¿todas nuestras acciones se deben a causas precisas y conscientes? Hay muchas cosas que hacemos sin haberlas decidido. El muchacho no se pregunta si escapará de un accidente en tren. Para él la cuestión es sencilla: no quería volver en tren y entonces escapa de un accidente. El caso no podría formularse así: Un muchacho se libra de un accidente de tren porque tiene una premonición. Dicho de otra manera, en el espíritu de Bernard Dupond, esto simplemente es una de esas manifestaciones de las mil y una posibilidades de la vida que se ven o no se ven, pero que están ahí. Para otros habrá habido premonición. Si Bernard Dupond pudiera prevenir todos los accidentes de tren, tendría un sexto sentido y se haría rico. Al no repetirse la situación, lo ocurrido no habrá sido más que fruto del azar. Es importante este dato, la repetición, que indagaremos permanentemente a lo largo de este viaje en la búsqueda del sexto sentido. Si alguna cosa se repite, entraña la posibilidad de la observación, después del análisis, y, por fin, de la reproducción en términos de causas y consecuencias. Pero si alguna cosa ocurre al margen de toda regla conocida, analizable, la duda se mantiene: ¿cómo aprehenderla?

¿Psicología?

Cuando la señora Georget, la portera, se plantea: «en fin, yo habría jurado que preguntaría por la otra», pone a prueba una ingeniosa sagacidad, porque no se equivoca. Si una relación amorosa puede darse entre Bernard Dupond y una de las dos muchachas, esta no será con su hermana Gabrielle, sino con Louise. Hay que reconocer que la señora Georget es perspicaz. En primer lugar se plantea que este muchacho viene por las jóvenes del quinto piso, pero todavía va más allá, prevé con cuál de las dos puede entablar una relación. Más adelante veremos si tenía razón. ¿De dónde viene esta clarividencia de la portera? De su experiencia sin duda. Su curiosidad también le ayuda a comprender ciertas cosas. Su sentido de la responsabilidad ha afinado la observación sobre el espacio que controla. Después de todo, esa es su escalera ¿no es cierto? Seguramente la señora Georget se habría podido establecer como vidente. ¡Con esta curiosidad y esta intuición habría hecho carrera como médium!

Si intentamos resumir esta primera aproximación a nuestra pregunta «¿Existe el sexto sentido?», estamos en condiciones de creer que, llegado el caso, procedería en buena parte de la posesión específica de algunas cualidades propias de una persona: instinto, experiencia, psicología, sentido del otro. Pero eso no es todo.

De la intuición
al inconsciente: la intuición

Definición

• Para Plotino en las *Enéadas*: «La intuición es el conocimiento absoluto basado en la identidad del espíritu con el objeto conocido».

• Más cerca, Descartes considera que «el conocimiento intuitivo es una iluminación del alma, que percibe en la luz de Dios las cosas que desea revelarnos mediante una impresión de claridad divina en nuestro entendimiento, que en eso no es considerado como un agente, sino sólo como un receptor de los rayos de la divinidad».

• Con Bergson, la intuición reencuentra, a principios de siglo, una «inteligencia» muy particular. Para el filósofo «la intuición es la intimidad, el sentimiento total de fusión con el objeto del conocimiento, la simpatía por la cual uno se sitúa en el interior del objeto para coincidir con lo que, en él, es único».

Como se ve, desde la filosofía griega hasta el alba del tercer milenio, la definición de la intuición ha evolucionado manteniendo escondida entre las palabras una noción de revelación.

Es pertinente concluir a partir de todo esto que la acepción más general de la palabra *intuición* es la del conocimiento previo de cualquier cosa.

Puede tratarse de alguna cosa que no existe todavía pero que llegará. En este caso, se habla de un hecho; o puede ser algo que no ha sido todavía demostrado, pero que lo será. Se trata en este segundo caso de una idea.

Intuición y videncia

Este preconocimiento, precognición, puede ejercerse en los dominios más diversos, siempre en referencia al futuro. ¿Cuál puede ser entonces la diferencia entre intuición y videncia? No es sencillo.

En la videncia se produce el hecho de ver alguna cosa que existe en la realidad y que sólo algunas personas distinguen. Es un asunto que está en el presente. No hay en la videncia una visión real del futuro, todo lo más una interpretación, intuitiva precisamente, surgida en todo caso del inconsciente colectivo. Esta sensibilidad hacia el inconsciente colectivo genera en el vidente profesional, una videncia siempre más o menos asimilable a un retorno como el del ascensor. Extrae en el inconsciente popular lo que reenvía al consciente popular. Así, el retorno satisface a todos. Se podría ver en ello el efecto de la ley de la oferta y la demanda.

La mayor parte de los políticos son supersticiosos, y raros son los que no consultan con videntes la víspera de las elecciones. Este ejemplo define bien qué es la videncia, limitando su acepción.

En esta circunstancia ¿qué ve el vidente, admitiendo que haya alguna cosa que ver?

Lo que ve es el estado actual de las cosas, es decir, el estado actual del cuerpo electoral. Siente este cuerpo electoral como un solo ser, y a partir de ello, pretende ver sus reacciones futuras en tanto que consecuencias inseparables de un estado presente. Se podría decir que se trata del conocimiento de un estado presente que trae aparejado otro estado presente. En este caso, la videncia no sería casi más que el hecho de creer ver (adivinar) lo que los demás no ven.

Es útil subrayar otra diferencia entre videncia e intuición. La percepción de la intuición es subjetiva. Parte siempre de lo que percibe, para creer una cosa que no existe todavía, pero que su espíritu concibe por adelantado. En este caso de videncia, el elemento generador es lo que debe ser visto; llamamos a eso el «objeto» que existe, ya sea en el presente o en el futuro. El vidente es una persona cuya actividad específica no es subjetiva ni creativa: ve lo que los demás no ven, en el presente o en el futuro. El vidente puede hacer de su actividad una profesión. En cambio, no existen intuitivos profesionales.

> *Es la cosa que hay que ver la que hace al vidente, pero es la intuición la que hace que esa cosa exista.*

EJEMPLO

En la avenida, un coche se pone en marcha. Un niño y su padre, este en la otra acera, esperan a que el semáforo se ponga verde. De pronto, una anciana lanza un chillido que, a causa del ruido, se ahoga en su garganta. Al cabo de un segundo el niño se precipita sobre el asfalto. Los frenos del automóvil chirrían y el niño es proyectado a tres metros de allí, sin más herida que un destello de pavor en los ojos.

> «*Llamamos aquí* intuición *a la simpatía por la que uno se traslada al interior de un objeto para coincidir con lo que tiene de único y, en consecuencia, de inexplicable. Al contrario, el análisis es la operación que vuelve a llevar el objeto a elementos ya conocidos, es decir, comunes a este objeto y a otros (...). Hay una realidad a menos que los cojamos todos por dentro, por intuición y no por análisis. Es nuestra propia persona... nuestro yo*».
>
> (*La pensée et le Mouvant*, H. BERGSON)

Cuando la señora chilla desde el otro lado de la calle, ¿sabe por qué lo hace?

Una primera hipótesis sería que ve con anticipación el accidente que va a producirse. «Ve» al niño salir a la calzada y después ve el accidente como vería desfilar ante sus ojos las imágenes fijas de un sueño. A decir verdad, ¿lo ve o lo imagina, según su sensibilidad, con ese realismo de algunos sueños que parecen más verdaderos que la propia realidad? Hay en este proceso del imaginario una transposición hacia una puesta en escena, generada por el psiquismo de la señora. En este caso, ¿cuál es la cualidad del azar que hace que el accidente llegue tal como ella lo había previsto? Además, ¿se produce el accidente tal como ella lo había previsto? ¿Ve verdaderamente y por adelantado al niño atropellado estirado en el suelo, sorprendido por el golpe?

Una segunda hipótesis sería que la anciana no viviera en la gran ciudad sino que estuviera de paso y por ello estuviera ansiosa, por todo lo que vive. Es una abuela que tiene hijos y nietos, pero sobre todo es una antigua nodriza. En ocasiones ha comentado que con ciertos niños no tenía comunicación, pero con algunos otros se comunicaba de manera inmediata y completa, hasta el punto de que en ciertos casos podía prever sus reacciones respecto a un determinado acontecimiento, como si se tratara de ella misma. No es lo suficientemente inteligente ni cultivada para analizar el porqué, pero eso siempre la ha fascinado. Es el azar, acostumbraba a concluir, los niños son todos diferentes. En este caso, cuando ha visto al niño al otro lado de la avenida ha sabido espontáneamente, pero de manera inconsciente, lo que haría. Así, cuando esta idea le ha recorrido el espíritu, ella lo ha sabido en el mismo instante. Entonces ha abierto la boca para chillar dos segundos antes de que él se moviera.

Esta segunda hipótesis es casi contraria a la primera.

En el primer caso se trataría de alguien que vive por avanzado alguna cosa que no existe en el presente, y en el segundo se trata de admitir que alguien en el lapso de algunos segundos se asimila al espíritu de otro hasta el punto de conocer su reacción inmediata.

La primera hipótesis procedería de la videncia: la señora no ha tenido una visión avanzada del accidente, sino sólo la idea de que algo inexorable iba a ocurrir. La segunda hipótesis sería la intuición y, por experiencia, la admitimos sin saberla explicar.

CONFIAR EN SU INTUICIÓN

«Examine los sentimientos y las ideas que le asaltan en consideración a su acción intuitiva. ¿Confía realmente en su intuición? Si sólo lo hace en ciertos casos, ¿por qué no en otros momentos? ¿Qué ideas previas ha recibido sobre la intuición? Identifíquelas y relaciónelas en una lista. Si lo necesita puede utilizar propuestas cuyo objetivo será poder neutralizarlas. Por fin pruebe a acordarse de alguna ocasión en la que se haya dejado guiar por la intuición. ¿Qué sintió entonces? (...) Después de haber puesto en orden sus pensamientos y sus sentimientos intente utilizar su intuición en situaciones de poca importancia. Juegue consigo mismo. Por ejemplo, encuentre el mejor trayecto

para volver a su casa en hora punta, o el mejor lugar para hallar un taxi. Acuda a su intuición para encontrar un sitio donde aparcar su coche. ¿Puede adivinar el color del coche más cercano al lugar en el que va a aparcar? Cuando espera delante de varios ascensores, adivine cuál llegará primero. En lo concerniente a la meteorología, ¿ está dispuesto a cambiar sus planes porque se anuncia una tormenta de nieve, o tiene la impresión de que no pasará nada?

(S. Ostrander y L. Schroeder,
Les fantastiques facultés du cerveau,
Editions Robert Laffont, col. «Les enigmes de l'univers»).

Del análisis a la intuición

Cuando a finales del siglo XIX se construyeron las primeras casas en la isla de Manhattan, en Nueva York, estas precedieron a los rascacielos sólo en dos generaciones, quizás. Un inmigrante europeo reciente habría podido hacer el siguiente análisis de la situación: esta isla no es extensible. Su topografía ofrece una excelente oportunidad para el comercio marítimo. Las relaciones con el viejo continente no pueden más que multiplicarse.

Conclusión:

a) En vistas a la creación de una ciudad, este lugar de superficie insuficiente no tiene ningún porvenir.

b) En cincuenta años, por falta de suelo, este lugar estará cubierto por edificios de 50 pisos.

Un análisis es una definición-cuantificación de un elemento de ayuda de los sistemas de medida predefinidos. El análisis de un territorio es en primer lugar el de su suelo, después el de su extensión, el de su desnivel y también el de sus condiciones meteorológicas, entre otros. Un análisis puede ser más o menos completo, orientado, teniendo en cuenta el destino del elemento analizado. En todo caso, un análisis es la definición misma de la no invención. Enseguida, a la vista de un observador, la cosa analizada toma un sentido o incluso un valor. Algunos verán inmediatamente un posible futuro en esta cosa, una o varias utilizaciones evidentes. Esto será un hecho de la imaginación. No hay nunca imaginación sin un concienzudo análisis previo.

Imaginemos ahora que el subsuelo de la isla de Manhattan no hubiera sido rocoso, apto para la construcción, sino limoso como el de la isla de Mantucket, un poco más al nordeste. ¿Habría existido Nueva York?

Cien años más tarde es fácil justificar este análisis, que implicaba que la ciudad de Nueva York no podía escapar a su destino vertical que se ha dado entre tanto. Pero cien años antes era necesaria una gran imaginación para ver sobre esta isla una ciudad de tres millones de habitantes, y todavía una intuición mayor para decidir que sería allí y no en otro lugar donde se elevaría una ciudad, suburbios incluidos, de las dimensiones de Londres.

Se puede admitir que la intuición no es más que la fase final de una cadena así compuesta: 1.º Un perfecto conocimiento/asimilación de un dato real analizado. 2.º Una patente capacidad de imaginación. 3.º La certidumbre de que entre todas las posibilidades imaginables sólo existirá una.

En fin, será prudente hacer una diferenciación entre lo que se podría llamar la *intuición activa* y la *intuición pasiva,* si la hay.

La intuición activa viene dictada por la certidumbre de que es preciso hacer alguna cosa, esa cosa y no otra. La intuición quizá también es eso: algo que no pone en marcha el cálculo analítico del espíritu sino la sensibilidad. En cuanto a la intuición pasiva, obviando la misma sensibilidad, le faltaría la ineluctable espontaneidad de pasar a la acción. ¿Somos muy numerosos los que poseemos esta forma de intuición pasiva? Si la respuesta es sí, como podemos creer, ¿puede deducirse que el caso de la intuición pasiva, la que no conduce a la acción, no puede ser asimilado a la intuición? Aquí nos hallamos de nuevo en el punto de partida, casi con esta certidumbre: no puede haber intuición sin pasar a la acción.

¿Azar, intuición o nada de eso?

Es de noche. Un barco quiere entrar en el puerto. Una bruma espesa dificulta la visibilidad tanto del mar como de la tierra, de modo que se requieren planos para ver a diez metros de distancia. A bordo se en-

38

cuentran el patrón, su mujer y sus tres hijos. El mar crece. Retroceder sería una locura, por la amenaza del viento, y además porque, con suerte, en media hora llegarán a buen puerto. La bruma se nota bien cerca, por todas partes, como siempre que hay niebla. El patrón se angustia. Los demás no se dan cuenta de nada, por ahora. Pero saben lo que va a ocurrir porque también notan la bruma.

«¿Voy a babor o voy a estribor?»

Nada, absolutamente nada, ayuda a tomar una decisión. Pero hay que decidir. «Y después ¡zas, todo a babor!»

Esta decisión no es intuitiva sino subordinada al azar. No hay datos en tales circunstancias que permitan elaborar un razonamiento funcional. En este caso, ni lo razonable ni lo no razonable están en juego. La única ley es la del azar, una posibilidad entre dos. Sin embargo, si el patrón hubiese querido confiar su elección al azar, sólo habría podido hacerlo a cara o cruz. Pero no, en última instancia, él mismo ha querido tomar la decisión, asumir su responsabilidad. Ha querido existir, como si creyera que en su interior había alguna cosa desconocida capaz de desafiar al azar y de saberlo todo, o bien alguna cosa lo suficientemente atractiva para que una voluntad divina se interesarse en su caso y salvarlo. Por otra parte ha hecho bien, porque en los doce angustiosos minutos siguientes distinguirá, a través de la bruma, el final de los acantilados, el resplandor del faro que tan bien conoce y que debe dejar a estribor.

Cuando por fin cierra el contacto del motor, un miedo retrospectivo, incontrolable, le recorre el estómago, mientras su hija de ocho años le dice en voz baja: «¿Dónde estamos, papá?».

Durante este peligroso regreso al puerto, no hay lugar ni para la intuición, ni para la imaginación, y el problema se plantea debido al hecho mismo de la inutilidad del análisis. Reflexionar o no, analizar o no, no conduce a ninguna presunción objetiva aceptable. Nada aparece en el espíritu que sea interpretable, conscientemente o no. Es lo que marca la diferencia con el caso de la intuición posible. Para que haya intuición es necesario que haya una realidad interpretable. Esto nos conduce a dos esquemas de comprensión.

a) Primer tiempo: consciencia más o menos inmediata y analítica de alguna cosa. Segundo tiempo: imaginar una posible solución. Tercer tiempo: se decide por intuición que la solución imaginada es la correcta. Y, por fin, se pasa a la acción.

b) El primer paso es siempre el mismo, con más consciencia y menos análisis. Lo que difiere enseguida es la evidencia de la intuición sin pasar por la imaginación.

Finalmente, como en el primer caso, se pasa a la acción. El segundo caso revela una psicología más femenina.

▓ Azar, intuición y resultado

Durante este tiempo en el casino de Trouville se juega. Es domingo por la tarde y la muchedumbre parisina está por todas partes. No se puede decir que los jugadores presentes sean profesionales, simplemente son clientes. Estas personas no han venido para divertirse, sino para jugar. Hay menos gente, menos ruido, como si uno estuviera allí solo consigo mismo. Una joven pareja se ha detenido delante de una ruleta. No tienen más de veinticinco años. Él le habla en voz baja mientras mira las mesas. Ella escucha amorosamente. Pero ella está nerviosa.

—No se puede estar seguro de ganar —le explica él, ojo avizor sobre la pequeña bola que rueda y rueda—. La única martingala que permite ganar con seguridad devuelve doscientos francos por tres horas de juego ininterrumpido en una ruleta. Al cabo de dos o tres veces eres localizado y te echan como si fueras un indeseable.

Ella sonríe.

—¿Cuál es ese método? Porque imagino que conoces uno.

—¡Claro! Mi método está basado en un 85 % de técnica y un 15 % de azar.

—Es verdad, ya lo he comprendido.

Dejan de hablar para mirar el número que saldrá esta vez. «El treinta y dos rojo, par y pasa», escuchan.

—Nadie había jugado al treinta y dos —constata ella.

—Hagan juego, por favor —dice el crupier, y tres o cuatro minutos más tarde—: el juego está cerrado...

El joven, con un gesto rápido, coloca una ficha de cinco mil pesetas sobre el tapete y dice:

—El cuadrado treinta y dos/treinta y seis.

—… No va más —acaba diciendo el crupier, que sitúa con cuidado la ficha en la intersección del cuadrado que delimita los números 32 - 33 - 35 - 36.

40

La bola blanca rueda todavía por los bordes lisos y exteriores de su pequeño velódromo. Enseguida pierde la fuerza que le había dado el crupier y golpea el primer obstáculo. Con valentía, sigue adelante y se golpea contra el segundo. Con la seria obstinación de una bolita deseosa de cumplir con su trabajo continúa, pero pronto aumentarán las dificultades y, una vez más, desengañada —¡Dios mío qué vida la mía!—, se dejará llevar en sentido contrario y de casilla en casilla, aunque todavía dudosa. En un último y violento esfuerzo, salta, se instala en el 12 rojo y... no, ya que en un último salto, quizá por coquetería, salva la separación intermedia, el infranqueable tabique, y cae al otro lado. El 35.

—Treinta y cinco negro, impar y pasa —anuncia el crupier.

—Has perdido —dice la joven.

—No, he ganado.

—El último cuadrado, ocho veces —anuncia el crupier levantando la vista hacia el joven, como pidiendo confirmación.

Este se inclina por encima de la mesa para recoger sus fichas.

—¿Cuánto has ganado? —le pregunta la joven, exaltada.

—Cuarenta mil pesetas.

—¡Comencemos de nuevo!

Tal como ha dicho el joven, en el juego de azar hay una parte de certeza y una parte de incertidumbre. Mediante el análisis, el jugador espera reducir el factor incertidumbre, tanto si se trata de la ruleta como del bridge o del póquer. Según aumenta la una en relación con el otro, la ganancia aumenta o disminuye a prorrata del riesgo. Pero también, y el auténtico jugador lo sabe, hay momentos en los que una fuerza poderosa, en la que le gusta confiar, le empuja a jugar sin reflexionar, a veces incluso sin haberlo decidido. Los jugadores confían en su instinto. Es lo que acaba de hacer el joven al decidir jugar por el cuadrado del 32, aunque este número acabara de salir. Hay en él un amor por las cifras no carente de poesía, mezclado con un desenfrenado deseo de entrar en el sentido de estas, renunciando incluso a sus propias leyes.

Este acto espontáneo procede de la intuición, ya que se desprende de la convicción de que va a suceder algo como consecuencia de otro hecho que ya ha ocurrido.

«No es menos cierto que la intuición sensible es, en matemáticas, el instrumento más normal que se haya inventado».

(H. PONCARÉ, *Valeur de la science*, I.)

Intuición e ilusión

No obstante, existe un gran peligro que acecha a la intuición: cuando esta falla, nos demuestra que no era más que una ilusión.

Un novelista que podríamos asociar a la intuición es Julio Verne (1828-1905), que puso su poderosa imaginación al servicio de un espíritu científico riguroso. En su época se le acusó de inventar más allá de lo razonable o, dicho de otro modo, de crear ilusiones. Sin embargo, muchas de las cosas que intuyó se han hecho realidad. Veamos tres de sus primeros títulos: *Viaje al centro de la Tierra* (1864), *De la Tierra a la luna* (1865) y *Veinte mil leguas de viaje submarino* (1870). Es cierto que el primero de estos tres títulos, escrito cuando Verne tenía 36 años, es obra de su imaginación, pero en el caso de los otros dos, ¿no se trata de la expresión de una intuición osada que se adelantaba un siglo? Si pensamos en todo lo que ha ocurrido en un solo siglo, más que en los veinte siglos anteriores, no podemos evitar quedarnos atónitos y fascinados ante este maestro visionario, este genio de la intuición. La imaginación de Julio Verne se basaba en un conocimiento sagaz de la ciencia de su época que le permitía realizar análisis inteligentes. ¿Qué podemos pensar, por tanto, de ese *Viaje al centro de la Tierra*, que parece demostrar la reducida distancia que separa la intuición de la ilusión? ¿No será la ilusión una intuición perdida?

De la intuición al análisis

A finales de un otoño británico, un tal Isaac Newton (1642-1727) hacía la siesta bajo los manzanos de un jardín. Este hombre, tan humanista como científico, educado en Cambridge, era matemático, físico y astrónomo. De repente una manzana le cayó en la cabeza y le hizo descubrir la atracción universal. De este modo, a lo anecdótico le gusta recortar la verdad. Resulta sensato creer en esta historia. ¿Qué nos demuestra? Nos demuestra el hecho de que unos ojos determinados, utilizados por un intelecto determinado, con una formación determinada, vieron caer una fruta. Ante esto, la mente que hay detrás de este intelecto se vio invadida por la evidencia de una obligada explicación matemática, basada en la noción de masa, velocidad y espacio. Y así es cómo Newton se esforzó en demostrar, según las leyes matemáticas, lo que para él era evidente. Desde aquel momento tuvo que hacer coincidir sus deseos con los resultados del análisis matemático para demostrar que su intuición era acertada.

¿Por qué a nadie, antes que Newton, se le había ocurrido esa idea? Porque, para desarrollar una idea como esa, son necesarias varias condiciones.

En primer lugar, una condición de oportunidad. Sería impensable, por ejemplo, que un niño de ocho años, por muy inteligente que fuera, cuando apenas empieza a conocer las tablas de multiplicar, pudiera imaginar que la trayectoria de la piedra que lanza al mar responde a una ecuación matemática precisa.

Esto demuestra que la invención, el descubrimiento de algunas cosas, no puede darse más que cuando existen los instrumentos que necesita.

En segundo lugar, se trataba de un hombre que había aprendido sobre matemáticas y astronomía todo lo que se podía aprender en su época, y lo había hecho en una universidad prestigiosa, la de Cambridge.

En tercer lugar, era de uno de los mayores genios matemáticos de la historia de la humanidad. Esto tenía que tener alguna consecuencia.

En cuarto lugar, este individuo debía de sorprenderse con facilidad. De hecho, esto aporta el término *calidad* a esta corta lista de criterios *sine qua non*. ¿De qué sirven las mejores cualidades intelectuales si uno es incapaz de sorprenderse, y, por tanto, de cuestionarse ciertas cosas?

En una clase de educación física de un colegio, todos los alumnos lanzan el peso. ¿Cuántos de entre ellos habrán pensado que, para enviarlo lo más lejos posible, es necesario proyectarlo según un ángulo determinado? ¿Cuántos habrán intuido que ese ángulo sólo puede ser de 45 grados? Una vez se tiene esa intuición, es conveniente demostrarla. Este ejemplo, más sencillo que el anterior, es el mismo, y demuestra que una intuición no puede existir más que cuando se posee la información exacta que lleva a su demostración. En caso de error se trataría de una ilusión.

Según este ejemplo, podríamos establecer que la intuición, para existir, tiene que cumplir ciertos criterios. Esto ya lo hemos demostrado y, sin embargo, también es cierto que todo el mundo es susceptible de tener intuiciones, simplemente porque el aire que respiramos es el mismo para todos.

Concluyamos con esta interesante afirmación: «Cada cual tiene las intuiciones que se merece».

CAPTAR UNA INFORMACIÓN DEL FUTURO

«Para intentar explicar qué es la intuición, hemos dicho que la mente se proyecta hacia adelante en el espacio y el tiempo para captar una información inscrita en el futuro. A este fenómeno se le conoce con el nombre de "videncia viajera".

Este viaje de la mente, en el espacio y el tiempo, hacia adelante o hacia atrás, quizá no sea imposible, según los recientes descubrimientos de un científico inglés, Ruppert Sheldrake, que habla de "campos morfogenéticos" invisibles pero capaces de transmitir el pensamiento, todos los pensamientos pasados, presentes y futuros.

La definición de estos campos morfogenéticos explicaría la famosa "idea que está en el aire", sin tener en cuenta la dimensión espacio-tiempo. Tal vez sea de esta forma como algunas "ideas geniales" han sido proyectadas hacia el futuro por individuos como Leonardo Da Vinci, Julio Verne, Jonathan Swift, Albert Einstein, y muchos otros».

(R. L. MARY, *Hypnose et Télépathie*, Ed. De Vecchi.)

De la intuición
al inconsciente: el inconsciente

Definición

André Roberti, en *Comment se psychanalyser soi-même* determina, refiriéndose a los trabajos de Freud, las funciones del *ego* (el consciente), el *ello* (o inconsciente) y del *superyó*. Esto es lo que Roberti dice acerca de la naturaleza de las diferentes instancias:

El ello (o inconsciente). Es la parte más inaccesible de la personalidad, fuera de la cual quedan la moralidad y todo juicio sobre el bien y el mal. Su energía procede de impulsos primitivos e irrazonables, al servicio del placer y el disfrute.

El tiempo le es alieno, al contrario de lo que sucede con el *yo*, y los deseos y los impulsos tienen, para él, un carácter permanente, hasta el punto de que conserva toda su agresividad durante años. Estos impulsos pierden energía y se convierten en un hecho del pasado únicamente cuando, mediante la psicoterapia, son percibidos por el consciente.

El poeta Pierre Jean Jouve, en *Sueurs de sang*, da una definición con relación a las múltiples facetas del hombre: «En la actualidad sabemos que hay miles de mundos dentro del hombre, y que todas las acciones del hombre consistían en esconderlos». La palabra *inconsciente* no aparece en este enfoque y, sin embargo, está tan presente…

Pierre Janet acerca la noción de inconsciente con la de realidad: «La actividad humana se presenta en ocasiones bajo formas anormales, movimientos incoherentes y convulsivos, actos inconscientes ignorados incluso por quien los realiza, deseos impulsivos contrarios a la voluntad y a los que el individuo no puede resistirse».

En *Confort intellectuel*, Marcel Aymé habla de «las profundidades viscerales del ser humano, esas infraestructuras del alma, esas cuevas infernales del sueño y del inconsciente que nuestros buceadores de la literatura se enorgullecen de explorar al detalle...». Este es otro enfoque.

Estas definiciones muestran como el individuo —si es portador— es, cuanto menos, difícil de abordar con minuciosidad y objetividad.

En el marco de nuestra búsqueda de lo que podría ser el sexto sentido, nos sentimos ya en la obligación de preguntarnos qué relación tiene este último con el consciente y el inconsciente. Recordemos hasta que punto hemos aceptado la capacidad de absorción y de discernimiento del intelecto.

En todo caso, si existe un sexto sentido, sus raíces deben encontrarse necesariamente en el inconsciente.

Nuestra vida es una sucesión de actos, y nuestra vida intelectual es una sucesión de pensamientos. ¿Son siempre deseados y conscientes estos actos y estos pensamientos? Obviamente, la respuesta es no. Entonces, ¿cuáles son las razones, cuál es la explicación a esto? ¿Dónde se originan, y por qué? Se originan en el inconsciente. La observación del individuo y la búsqueda de las causas ocultas de estos actos habían provocado la aparición de esta pregunta a finales del siglo XIX. Sin embargo, no será hasta esa época que un tal doctor Freud decidió que tenía una explicación a esos actos inconscientes, a los pensamientos incontrolados del individuo, y que esa explicación sólo podía encontrarse en su psiquismo.

«La actividad humana se presenta en ocasiones bajo formas anormales, movimientos incoherentes y convulsivos, actos inconscientes que el mismo ser humano que los realiza desconoce, deseos impulsivos contrarios a la voluntad y a los que el sujeto no puede resistirse».

(P. JANET, L'Automatisme psychologique.)

«[...] un personaje cómico es generalmente cómico en la exacta medida en la que se ignora a sí mismo. Lo cómico es inconsciente».

(H. BERGSON, Le Rire.)

46

Actuando de este modo, situándose en una posición tan precisa, Freud no iba realmente a contracorriente, pero adoptaba una posición radical y distanciada del cuerpo médico, ya que pretendía curar ciertas enfermedades mentales —por ejemplo, la histeria— que la medicina clásica dejaba a un lado por no ser capaz de solucionar. En este caso, estaba empezando la casa por la ventana, al igual que había hecho Newton, porque actuaba en función de una certeza, de una intuición cuyas bases pretendía demostrar.

Los primeros trabajos de Freud

Freud nace en el seno de una familia judía de Moravia (Checoslovaquia), en 1856. Asiste a la escuela y, más tarde, al instituto. Es un adolescente inteligente y sensible que se muestra más interesado por las ideas y sus porqués que por las ciencias de la materia. Quizá le interesa aún más que la sed de conocimiento la necesidad de explicación que lo motiva.

En 1873 ingresa en la facultad de medicina de Viena. Se convierte en interno y realiza investigaciones sobre la anatomía del cerebro. Mientras tanto, publica el resultado de unas investigaciones relativas a algunas enfermedades orgánicas del sistema nervioso.

En 1885, obtiene una beca para pasar un año en París, en el famoso hospital de la Salpêtrière. Bajo la tutela del profesor Charcot, descubre dos cosas fundamentales: la frecuencia de la histeria en la personalidad del individuo y una posibilidad nueva de terapia, la hipnosis, caballo de batalla de Charcot en lo que se refiere a la manera de tratar esa histeria.

En 1886 regresa a Viena y se establece como médico especialista de enfermedades nerviosas. Los instrumentos que utiliza son simples: electroterapia e hipnosis. Durante más de tres años trabaja con estos dos medios.

A lo largo del verano de 1889 pasa un largo periodo en Francia para perfeccionar su técnica hipnótica al lado de especialistas como Bernheim. Esta estancia le aportará la determinante afirmación siguiente, relativa a la sugestión poshipnótica:

«Cuando un individuo recibe, bajo los efectos de la hipnosis, la orden de realizar un determinado acto, tras su regreso al estado normal le resulta imposible proporcionar una explicación al porqué de ese acto. Sin embargo, la explicación existe, ya que esa orden ha procedido del experimentador externo durante la sesión».

Esto, para Freud, demuestra de manera decisiva que un individuo no puede dar una explicación a ciertos actos, pero que la causalidad externa de esos actos existe y puede ser determinada. Este prometedor descubrimiento no hace más que evidenciar ante todo el mundo cierto estado obvio de las cosas. Freud prosigue con sus investigaciones en esta dirección y afirma que, bajo la presión del observador, el individuo alcanza a ser consciente en cierto modo del porqué de su actitud poshipnótica. Freud llega a la siguiente conclusión: algunas causas de nuestras actitudes mentales, inmersas en nuestro inconsciente, pueden sernos reveladas en ocasiones mediante un tratamiento terapéutico.

La intuición toma forma cuando, poco a poco y del mismo modo, se elabora el psicoanálisis.

Mientras tanto, otro acontecimiento consolida el concepto del inconsciente de Freud.

Un caso de histeria

Unos años antes, durante la época en la que Freud experimentaba con las enfermedades nerviosas, el conocido doctor Joseph Breuer le informó acerca de un inquietante caso de histeria. Se trataba de una joven, Anna, que presentaba síntomas que alcanzaban incluso la parálisis y la confusión mental. Casualmente, Breuer se dio cuenta de que cuando la presionaba, con la intención de hacerla hablar para que explicara sus inquietudes y las razones de estas, todo iba mejor. Decidió por tanto determinar que existía cierta relación entre algunos recuerdos perdidos en el inconsciente y los síntomas que experimentaba durante el estado de vigilia. Sin embargo, la joven era totalmente incapaz de hacer, durante este estado de vigilia, un informe de causalidad con los recuerdos escondidos. Breuer descubrió este traumatismo psíquico mediante la hipnosis. En el caso de Anna se basaba en el hecho de que, siendo aún una niña, había tenido que encargarse de cuidar a su padre enfermo, lo que acabó por desequilibrar una sensibilidad ya frágil. Los dos médicos llegaron de común acuerdo a una conclusión: el hecho de demostrar al enfermo la causa de sus inquietudes podía liberarlo de sus efectos.

En 1893, Breuer y Freud publican un opúsculo que relata el tratamiento de esta enfermedad. En él se puede leer lo siguiente: «Las manifestaciones de la histeria en el presente son la expresión de un traumatismo pasado cuya toma de consciencia provoca normalmente su cura».

Dicho de otro modo, sea como sea la aparente sensatez que nos conduce a la acción, los actos que se derivan de ella son todos más o menos provocados por el inconsciente. De este modo clasificamos nuestros actos en dos categorías: los que surgen del equilibrio mental y los que surgen del desequilibrio.

Pocos investigadores se han preocupado por las causas que nos conducen a realizar actos llamados *normales*. Es una lástima, ya que podríamos constatar, sin duda, que estos también revelan traumatismos pasados. Pero, a decir verdad, hay ya tantas oportunidades para ocuparse de la enfermedad declarada, que debemos disculpar el hecho de no ocuparse de la que aún no lo está. Además, ¿qué es lo normal? Y ¿quién se ocuparía de ello?

Freud pensó que si esta teoría era buena tenía que ser aplicable a casos de desequilibrio que no fueran la histeria, así que se interesó por los casos de neurosis obsesivas.

La neurosis obsesiva

Una neurosis obsesiva se manifiesta por el hecho de que un individuo no puede evitar realizar ciertos actos. Estos actos, de los que es consciente, le son conocidos pero inevitables. Es el caso de un señor que no podía sobrepasar el número 56 de una calle, y si lo hacía entraba en una crisis grave. O el de una joven que no podía evitar salir dos veces de casa antes de ir a hacer la compra. Hay que señalar que, en casos de este tipo, el enfermo es consciente de lo irrazonable del acto, pero la necesidad de llevarlo a cabo es superior a él.

Freud, en relación con esto, descubre otro detalle: este acto, consciente, constituye la aparición espontánea del síntoma de un conflicto generado por el inconsciente y que se debe a causas desconocidas y lejanas. Pero este acto también es una especie de manifestación-refugio del consciente para calmar una angustia personal, que existe porque sus causas (no conscientes) proceden del inconsciente. Tan sólo nos queda, por tanto, traducir el sentido profundo de este síntoma para que la causa quede rápidamente dilucidada y, por consiguiente, el enfermo se cure.

Las manifestaciones del inconsciente

La asociación de ideas

Mientras tanto, Freud continúa con sus tratamientos experimentales basados en la hipnosis. Es cierto que esta clase de terapia da buenos resultados, pero hay que reconocer que estos no son favorables en todos los casos. Por otro lado, este trabajo se vuelve tedioso, y Freud tiene la impresión de haber agotado todas las posibilidades y sorpresas. Entonces se plantea la siguiente pregunta: ¿se podría, y, si es que sí, de qué manera, llegar a los mismos resultados sin la hipnosis?

Lo que ha aprendido de su trabajo con Bernheim es la posibilidad poshipnótica de obligar al enfermo, presionándolo, a acceder a cierta consciencia o rememorización de lo que ha dicho bajo los efectos de la hipnosis. Con el fin de mejorar el método, recorre a la «asociación de ideas». Dicho recurso se basa en la evocación de un recuerdo o de una imagen que provocará, mediante la asociación de ideas, la aparición de otras imágenes, otros recuerdos, y así sucesivamente. En este caso, por parte del analista se trata de encontrar una idea de partida lo suficientemente consistente para poder generar en el enfermo una red significativa de asociaciones.

Al inicio del discurso del enfermo, generalmente todo va bien. Cuando explica un sueño o un hecho de su infancia, los recuerdos afluyen, las asociaciones se realizan con fluidez. Pero siempre llega un momento en el que cierto recuerdo, cierta imagen, desencadena una resistencia, una imposibilidad de evocación. A partir de ese instante, el paciente, con todos los medios posibles, evita regresar a esa idea, a pesar de la insistencia del analista, y en ocasiones puede caer enfermo. El individuo es consciente de esta resistencia que el analista formaliza, pero desconoce las causas. El analista llega entonces a la conclusión de que existe una resistencia a la evocación de determinados recuerdos porque estos se encuentran reprimidos en el fondo del inconsciente. Así pues, el trabajo del médico consiste en suprimir dicha resistencia. A este tipo de tratamiento, Freud le da el nombre de «psicoanálisis». Al mismo tiempo, determina una vez más la noción de reciprocidad: si el elemento turbador permanece inconsciente, por represión, significa que es el inconsciente quien lo reprime, como si dicho inconsciente estuviera dotado de voluntad.

Una cuestión de equilibrio

Así pues, existen dos fuerzas. Una de ellas quiere aparecer para ser liberada, pero la otra quiere permanecer escondida para sobrevivir. Conocer o no conocer, esa es la cuestión. El enfermo no quiere conocer porque tiene miedo de enterarse de algo que pueda destruirlo o que pueda destruir algo que le es muy preciado. El analista quiere conocer para poder liberar al enfermo, no del hecho traumático, ya que este permanecerá, sino del aspecto traumático del hecho. En ese momento, se revela la existencia de un conflicto interno del enfermo y empieza la lucha entre este y el analista.

La existencia de un viejo e inconsciente traumatismo implica unos sistemas de compensación, de equilibrio, simplemente para poder vivir. El enfermo es consciente de este estado de neurosis cuyas causas le son desconocidas porque han sido enterradas en su inconsciente. Pero la balanza no está estable y en esas rupturas del equilibrio reaparecen los síntomas.

En este punto podríamos plantearnos una pregunta: ¿acaso el individuo equilibrado es un neurótico que ha encontrado un sistema de compensación eficaz? ¿Existen en las personas equilibradas los mismos traumatismos que en las demás, pero, al ser más fuertes, han sabido contener completamente los traumatismos y por eso estos no perturban su equilibrio? Aparentemente, la respuesta es que sí.

Por lo tanto, todos somos neuróticos y la persona que denominamos neurótica no es más que un individuo en el que la neurosis es evidente porque provoca conflictos de equilibrio que se manifiestan por diversos síntomas.

Los sueños

Para Freud, el sueño es una manifestación del psiquismo, igual que lo es la neurosis. En este segundo caso, al igual que en el primero, se trata de descubrir el sentido que permita descubrir la causa. También aquí utilizará el método de la asociación. Una vez que el enfermo ha contado un sueño, le hará hablar de este sueño y de todo lo que le sugiere o suscita. Una señora que vive en el campo explica cómo, en un sueño, estranguló a un perro pequeño. En apariencia, se trata de algo que ronda la muerte o las ganas de matar. El analista le hace mil y una preguntas para determinar qué puede asociarse al sueño en la vida real de la señora. Resulta que, hace un tiempo, la mujer tuvo una violenta disputa con su hermana, que la acusaba de querer seducir a su marido. La señora terminó dicha disputa con las siguientes palabras: «Sal de mi casa, no quiero saber nada de un perro rabioso».

La interpretación del sueño es muy simple. En el inconsciente de la mujer se ha instalado un deseo de muerte que ni ella misma puede concretar o expresar, de tan sometida como está a la fuerza de represión de su inconsciente. Pero el deseo existe, y el inconsciente, por su parte, le envía un sustituto: un perro en el lugar de su hermana. ¿Por qué un perro? Probablemente porque el perro guarda relación con el pollo que mata cada domingo con sus propias manos. De hecho, la señora contará al analista que para matar al perro del sueño procede del mismo modo que cuando mata un pollo en la realidad.

En resumen: el consciente, debido al instinto de supervivencia, se esfuerza por no tener en cuenta los síntomas de desequilibrio que aparecen, por una parte porque son perturbadores, y por otra porque, al ser casi incapaz de darse cuenta de ellos, es incapaz de comprenderlos.

Durante el sueño, el consciente se encuentra muy bajo de defensas. Los mensajes que envía el inconsciente y que están inhibidos se harán, por tanto, más evidentes.

Con frecuencia se ha acusado a Freud de haber elaborado su psicoanálisis basándose esencialmente en la sexualidad. Él llegó a decir de sí mismo: «Si bien la sexualidad es la parte esencial de la libido, no es la única». Esto no impide que, convencido de su propia intuición, creara sus métodos más funcionales a partir de la sexualidad.

El sueño es, en consecuencia, una manifestación de lo que se encuentra reprimido en el fondo del inconsciente. Esta represión puede expresarse de manera más o menos legible porque, una vez más, el inconsciente se esfuerza en levantar barreras. Estas barreras modelo son, por ejemplo: la simbolización, la sublimación, la proyección o la dramatización. Todas estas barreras son sólo máscaras de las que se sirve el inconsciente para disimular una causa real. El arte del analista consiste, por lo tanto, en distinguir cuál de estos mecanismos está utilizando el inconsciente. El sueño, tal como lo expresa el enfermo, representa aproximadamente la parte visible del iceberg, al igual que el consciente en relación con el inconsciente. Sería inútil y peligroso imaginar que el sueño puede descifrarse mediante claves prefabricadas, como por ejemplo la araña, símbolo de la madre posesiva; la partida, símbolo de la muerte; el agua, símbolo de la sexualidad... Una vez más, el símbolo utilizado sólo encontrará su significado real con el método de la asociación de ideas, porque cada persona concede valor a los símbolos según su propio psiquismo. El analista corre el grave peligro de hacer interpretaciones rápidas cuando estas son seductoras.

Tras haber analizado muchísimos sueños, Freud llega a la siguiente conclusión: un sueño tiene dos niveles. El primero es visible; en el caso que hemos visto, se trata del estrangulamiento del perro. El segundo está oculto, y corresponde al «por qué» (¿quién? o ¿qué?). Así pues, un sueño posee un significado oculto bajo una apariencia comprensible. Pero hay que ir con cuidado de no descifrar de manera simplista un sueño aparentemente claro. El sueño es el sustituto frecuente de lo inconfesable. En muchos casos, es la expresión disfrazada de un deseo reprimido.

Los lenguajes del inconsciente

El inconsciente no se manifiesta únicamente en forma de neurosis o de sueño. ¿Qué podemos decir acerca de esos múltiples pequeños actos o palabras que escapan a nuestra voluntad a lo largo del día? ¿De dónde vienen y qué significan esas palabras que no controlamos, esos lapsus, esos actos fallidos?

Son las 7 de la mañana. Sus ojos llevan unos minutos abiertos. Suena el despertador. No tiene ninguna gana de levantarse. Por un momento, cae en un ligero sueño. Tres minutos más tarde, se dice a usted mismo: «Tengo que levantarme». Sigue sin hacerlo. De repente, se encuentra usted de pie al lado de la cama sin haberlo decidido. ¿Quién lo ha hecho por usted? Su inconsciente.

Un *lapsus* (*linguae*) consiste en el hecho de pronunciar una palabra en lugar de otra. Entonces surge la siguiente pregunta: ¿por qué me ha salido esta palabra en lugar de la otra?

Un hombre aún joven, jefe del departamento de estadística, estaba sentado en su despacho. La noche anterior no había ido bien, porque había discutido con su mujer. En el ámbito profesional, su problema, en este momento, era decidir si debía deshacerse de la anciana señora Martin, que no hacía más que cometer errores. Llamó a su secretaria por el intercomunicador y, cuando esta apareció en la puerta, le dijo: «¡Tráigame el expediente de Louise, por favor!». La secretaria lo miró, sin comprender. Él se repuso enseguida: «Perdone… el expediente de la señora Martin». ¿Se sorprendería usted al saber que su mujer se llamaba Louise? ¿Qué ocurrió en ese momento en la mente de aquel hombre? Algo muy simple: la parte consciente de su mente estaba ocupada con el problema de la señora Martin, y la parte inconsciente, con el de su mujer. Estaba cansado, poco atento, y su inconsciente se aprovechó de ello para abrirse paso.

Hay miles de pequeños errores como este, mediante los cuales nuestro inconsciente nos llama la atención. Nunca intentamos saber el porqué. Es una lástima.

Creemos reconocer a una persona en la calle, una vez, dos veces, en quince días. Escribimos una palabra por otra. Olvidamos el nombre de algunas personas. Hay algo interesante que nos ocurre a todos: borramos de la memoria palmos enteros de una vida desgraciada. En el caso de un individuo que esté dotado de una buena memoria se produce un fenómeno de compensación, o de reemplazo, que hará que esa memoria siga siendo excelente para otras cosas. Por ejemplo, una persona se da cuenta de que, si bien olvida algunos elementos de su pasado, tiene una memoria perfecta para los números. Surge la siguiente pregunta: ¿por qué olvidar ciertas cosas importantes y memorizar otras, que son anodinas? Respuesta: para sobrevivir necesitamos comprender, porque todos somos débiles. Pero de todos modos no olvide la siguiente frase de George Orwell: «Todos los hombres son iguales, pero algunos más que otros».

LAS REACCIONES INCONSCIENTES

«Al empezar a darnos cuenta de cosas que nunca habíamos notado y al interpretar estos cambios, resulta posible influir en la relación con el otro en un sentido beneficioso. La agudeza sensorial es la mejor técnica para llevarlo a cabo. Las cuatro reacciones inconscientes más importantes se refieren a cambios en el color de la tez, modificaciones en los músculos, en el labio superior y en el ritmo de la respiración.

> La mayoría de la gente no tiene ninguna dificultad en darse cuenta de estas reacciones una vez conoce su existencia. Además, estas cuatro reacciones que se dan inconscientemente no pueden disfrazarse, por lo que su significado es particularmente claro.
>
> Existen muchas otras modificaciones fisiológicas además de esas cuatro. Cuando hablamos, las actitudes corporales cambian y se manifiestan unos signos, algunos muy visibles y otros más sutiles, como los cambios de punto de apoyo, las inclinaciones de la cabeza, los movimientos ascendentes o descendentes de los hombros, los estiramientos del cuello y los gestos de las manos.
>
> Estas reacciones evidentes [...] serán más fáciles de observar que otras más sutiles. Hay gente capaz de percibir modificaciones en el pulso, en el vello de los brazos o en los lóbulos de las orejas. Cada cual puede especializarse en la observación de una parte diferente del cuerpo».
>
> (T. FENYVESI, *Connaître et utiliser vos atouts pour réussir*, Ed. De Vecchi.)

La sexualidad

No resultaba posible, en este rápido vuelo por encima del inconsciente, según Freud, eludir el tema de la sexualidad, es decir, de la libido.

«Lo tiene totalmente cogido…», dicen en ocasiones algunos hombres hablando de algún amigo, que parece ceder de buen grado a los caprichos de su mujer.

En sus primeros trabajos, Freud expone lo siguiente: «Desde lo más alto de mi ingenuidad, he descubierto, a lo largo de numerosos análisis, que la mayoría de los síntomas neuróticos tienen su origen en una vida sexual alterada y, para precisar más aún, en la vida sexual infantil».

¿QUÉ ES LA LIBIDO?

En Freud y sus discípulos, la libido representa la energía psíquica que sirve de base para los impulsos vitales y, sobre todo, para los impulsos sexuales. En la estructuración de la sexualidad, Freud establecerá las tres fases siguientes:

1. La primera infancia, hasta los seis años aproximadamente. El niño descubre:

a) El placer único pero completo de chupar el seno materno, que satisface a un tiempo la libido y el hambre. Es un placer oral.

b) El placer anal. Para el niño que hace sus necesidades primero en sus pañales y después en el orinal, eso es un acto de placer y de creación.

c) El descubrimiento de sus órganos genitales, de los que se sorprende y con los que se divierte.

Hacia finales de esta primera infancia, el niño pasa sistemáticamente, según Freud, por la estructuración completa de Edipo. En el caso de los niños, se trata de la atracción por su madre, mientras que la presencia de su padre se convierte en un obstáculo. En el caso de las niñas, el obstáculo es la madre. En esta fase de crecimiento, los gestos de ternura entre los dos miembros del matrimonio no son bien acogidos por el niño. Recordemos cómo Edipo, príncipe de Tebas, hijo de Layo y Yocasta, fue condenado por los dioses a la fatalidad de matar a su padre y casarse con su madre, sin ser consciente de sus actos. Al conocer sus crímenes por los oráculos, se arrancó los ojos y abandonó su reino, guiado por su hija Antígona.

2. El segundo periodo es un tiempo de latencia en la formación de la sexualidad. Los impulsos inconscientes de la infancia se calman al tiempo que se descubren el otro y la empatía con el mundo.

3. Es al final de este tiempo de calma y de olvido relativo cuando aparece la pubertad y lo trastorna todo. En este periodo, la libido se centra en la sexualidad, y los deseos del joven adolescente son deseos formalmente sexuales que pueden dirigirse hacia el exterior de la célula familiar. Estos impulsos son tan grandes como el deseo de alcanzar la edad adulta, el deseo de cortar el cordón umbilical de la dependencia.

Con frecuencia, este proceso tiene lugar mediante una oposición. El modo que tiene el niño de resolver el problema está relacionado con el modo en que se venzan, en términos de aceptación o de rechazo, la libido infantil y los primeros complejos (Edipo, castración...). Los niños no suelen salir indemnes de él. Es en este marco de la accesión a la consciencia de los deseos, construida sobre la inconsciencia de una libido infantil lejana y rechazada, en el que se elaborará el equilibrio o el desequilibrio. El tiempo de una pubertad mal vivida conduce siempre a estados neuróticos posteriores, más o menos graves.

Una señora había tenido una infancia problemática, concretamente una pubertad difícil. Había sido una época en la que un padre poco virtuoso engañaba a una madre poco afable. Ella misma, a los 40 años, había sido engañada por su marido, del que, en consecuencia, se había divorciado. Esta mujer, de una sensibilidad exacerbada y de una paranoia si no exacta, por lo menos fértil, se había convertido en vidente y sólo tenía clientela femenina. De todas las mujeres que la consultaban, conducidas por problemas conyugales, ella decía que, si no habían sido engañadas, lo serían enseguida. Así se ganaba ella la vida, y gozaba de muy buena reputación en su profesión.

El inconsciente y la mente

Si resumimos lo que acabamos de ver, podemos decir que la vida de un individuo es el escenario de una relación de fuerzas permanentes entre él y él mismo, por un lado, y entre él con el otro, por otro lado. La ley que rige las relaciones con los demás es la censura. La que gobierna las relaciones con uno mismo es también un sistema de censura que le prohíbe ciertos actos o pensamientos. ¿Qué hombre o mujer, al menos una vez en su vida y bajo los efectos de una ira incontrolable, no ha sentido ganas de matar a su hijo? Una de dos: o el individuo en sí experimenta una vergüenza horrible y se esfuerza en olvidarlo, o se acepta como es y decide controlar mejor sus enfados en el futuro.

Esta era la situación de Freud al final de muchos años de práctica del análisis. Alcanzó una visión precisa del desequilibrio mental, sus causas y la manera de tratarlo. Sin embargo, no terminó de estudiar el inconsciente, ya que el inconsciente no es exclusivo de una persona enferma, sino de todos los seres humanos. Si bien consiguió entrar en inconscientes enfermos, ¿qué hay del inconsciente sano? Y lo que es más: ¿qué significa estar mentalmente sano, lo que llamamos ser «normal»?

La pregunta podría plantearse así: ¿cómo distinguir en el inconsciente las tendencias normales, surgidas de traumatismos olvidados pero sin ninguna gravedad, de las tendencias anormales, generadas por esos otros traumatismos escondidos en el inconsciente y causantes de neurosis? ¿Cabría suponer que el inconsciente, al fin y al cabo, no sea más que el depósito exclusivo de los traumatismos rechazados? Jones, principal discípulo de Freud, resumía del modo siguiente la postura de su maestro: «El inconsciente representa la región de la mente en la que los elementos se encuentran en estado de represión».

El preconsciente

En el funcionamiento de la mente del individuo normal hay apariciones fugaces de imágenes relativas a experiencias cercanas o lejanas, felices o traumáticas. La posibilidad de aparición de esas imágenes, que no están reprimidas ni censuradas, nos conduce a la definición de otro concepto que Freud denomina *preconsciente*, que no sería más que un inconsciente de libre acceso, ya que el auténtico inconsciente es por definición una zona cerrada e inhibida. Así pues, el preconsciente sería una zona consciente del individuo, pero libre de investigación. Por lo tanto, podemos preguntarnos si el preconsciente constituye una noción muy cercana a la lucidez.

EJEMPLO
Un joven se pasea por el zoco de Marrakech. Se siente atraído por un bonito espejo con marco de cuero repujado que un chico marroquí quiere venderle por unas siete mil pesetas. Él sólo tiene unas dos mil pesetas, pero el espejo le gusta. La conversación, muy breve, concluye del siguiente modo: «Vuelve a tu país, hermano. Cuando llegues allí, me envías el dinero que falta».

Una vez en su país, el joven no envía el dinero, que para él es una cantidad elevada, y esto le incomoda hasta tal punto que no consigue olvidarlo nunca, porque cree necesario revisar la buena opinión que tiene de sí mismo.

Este mismo hombre envejece y, cuando tiene 50 años, visita a una anciana tía que le explica que, cuando era niño, había pasado dos años en su casa, con ella y su marido, como refuerzo escolar, ya que ambos eran maestros. Durante esa estancia había ocurrido lo siguiente: un día, él atravesó corriendo la única calle ancha y recta del pueblo, cuando se acercaba un camión. Una compañera que vivía enfrente le siguió y fue atropellada. Murió en el acto.

El hombre se quedó de piedra, ya que había olvidado por completo ese hecho. ¿Mediante qué procedimiento, y sobre todo por qué motivo, había conseguido eliminar totalmente ese recuerdo de su memoria?

Un tiempo después, se casó con una mujer con la que no se entendía, a pesar de sus cualidades. Ella solía gritarle: «Busca bien en tu inconsciente, y encontrarás la solución a tus problemas». Él respondía: «Perdona mi miseria, pero no tengo inconsciente».

Cuando Freud estudia las neurosis de ansiedad, constata que la represión está estrechamente relacionada con esta clase de neurosis, y que el ego, por tanto, actúa como si fuera consciente de un peligro interior desconocido ante el cual se angustia. De este modo estableció que el ego experimentaba, en términos de debilidad, los decretos de un censor mucho más poderoso: el superyó, que representa la ley.

El ello, el ego y el superyó

El ello reagrupa los pocos elementos arquetípicos de un individuo, es decir, sus impulsos primitivos, el impulso de la vida y la muerte, los impulsos sexuales y agresivos. En consecuencia, el ello es el lugar de todas las inhibiciones normalmente instaladas durante la formación del complejo de Edipo.

El ego representa la posibilidad para el individuo de definirse, de pensarse y de expresar una voluntad. Al mismo tiempo, es el escenario elegido de la vida del preconsciente. Como consecuencia de ello, cuando existen vicios de forma, estos aparecen a través de la expresión del ego. El ego es el lugar de todos los síntomas. Es un escaparate.

El superyó es el censor. Y no un censor cualquiera, social o moral, sino un representante de esa «moral arcaica», la de la educación de los padres que se ha instalado en las fibras del niño durante su infancia. El superyó constituye lo que el adolescente que se ha convertido en padre reproduce de su propia educación más allá de sus deseos de negación. Para ilustrar esta idea, podríamos añadir que, en este caso, el preconsciente desempeñará un papel equilibrado, intentando tomar lo que había de bueno en la educación, y rechazando lo que había de nefasto.

Se podría añadir aquí una bonita imagen, más metafísica que psicoanalítica: el ello podría representar la esencia del individuo; el ego, su existencia; y el superyó, la sociedad-juez, la relatividad.

Cuando el señor del que hemos hablado unas líneas antes se vio obligado a abandonar todos sus principios si quería seguir viviendo con esa mujer y con el niño que habían tenido juntos, sólo conservó uno: poner el mantel en la mesa para cenar. ¿Es esta la expresión del superyó, aferrarse a algunas certezas para no caer en la locura? ¿Constituye esto un indicio de equilibrio mental?

> *Para no caer en la locura, a veces hacemos cosas que, para los demás, tienen apariencia de locura.*

Del equilibrio psíquico

Podría decirse que existe equilibrio cuando no hay ninguna manifestación de síntomas neuróticos que altere el funcionamiento psíquico del individuo. Esto no significa que en el fondo de sí mismo el individuo no sea presa de combates internos entre el ello, el ego, el superyó y sus traumatismos escondidos. Esto significa que toda aparición de algo que hasta entonces ha sido reprimido no produce alteraciones neuróticas. Dicho de otro modo, el equilibrio proviene de la capacidad de aceptarse y gestionarse uno mismo con autoridad y generosidad a la vez. Si admitimos que estas virtudes son las mismas que permiten integrarse en el mundo, llegaremos a la conclusión de que el equilibrio pasa por la homogeneidad entre el *ego* y el *alter*, es decir, la semejanza, la disolución y la fusión en el mundo.

Nuestra intención es, como en el caso de Freud, demostrar que siempre hay alguna explicación. O bien esta explicación existe o bien existirá, pero todo acaba teniendo una explicación. Esta certeza es el hecho de la intuición, es la manzana de Newton. Pero también es el hecho de la ilusión cuando conduce al error. En resumen, quizá el sexto sentido no sea más que eso: la intuición de ciertas verdades concretas y, sobre todo, el hecho de saberlas incluso antes de haberlas descubierto.

Al explicar una parte de la vida de Freud y de sus descubrimientos sobre la mente, hemos comprobado que aparecía con frecuencia un mismo método: la asociación de imágenes e ideas.

Por definición, la asociación es instintiva e incontrolada, porque escapa al consciente. Sin embargo, puede ser que haya o deba haber un deseo que la sostenga, deseo casi asimilable a una voluntad, venga esta de donde venga. Por otro lado, es de este acercamiento de elementos, en apariencia inconexos, de donde nacerá el problema o la intuición. En el caso de las relaciones entre el analista y el enfermo, es más bien el primero quien se cuestiona, quien tiene las intuiciones, pero nada nos prohíbe invertir los papeles. ¿Por qué no podría un enfermo exclamarse de pronto: «Ya está, he comprendido cómo funciona mi analista y sé lo que espera que le diga, así que, ¿qué más da que sea verdadero o falso?»?

Imaginemos ahora que este instinto de la respuesta que hay que dar, la que el otro espera, no se dé ya en el ámbito de la relación médico-enfermo, sino en un ámbito comercial, en una relación vidente-cliente. Acabaríamos pronto, si el vidente en cuestión es lo suficientemente hábil como para crearse una fama, con hablar de sexto sentido, si bien nunca se ha dicho esto en el caso de un analista.

¿Qué puede pensarse? ¿Acaso uno de ellos, que cura las mentes en la sombra, con humildad y precaución, es un trabajador sin intuición y sin talento para la adivinación, mientras que el otro, basándose exclusivamente en la turbación percibida en su cliente, sería capaz de llegar hasta el fondo de su mente, para dar a sus preguntas respuestas salvadoras? ¿Es el primero un pobre diablo y el segundo un ángel salvador dotado de poderes sobrenaturales, o, dicho de otro modo, de un sexto sentido?

Vayamos a ver qué ocurre con aquellos que comercian con su sexto sentido.

Pero antes dedicaremos unas páginas a Jung, menos racionalista que Freud.

De Freud a Jung

Carl Gustav Jung, cuyo padre era sacerdote protestante, nació en 1876 en el seno de una familia de la alta burguesía suiza.

Todos los niños son influenciados por la herencia sociopaternal, y el joven Carl no será una excepción. Si bien el concepto de Dios se encuentra presente durante toda su vida, no se trata de un Dios religioso y omnipotente, sino de su imagen en tanto que elemento esencial en la constitución del alma del hombre, de su *psyche*. Para Jung, el hombre necesita para vivir valores como Dios, al igual que necesita beber y comer. Lo divino es constitutivo de estos arcaísmos nacidos paralelamente al pensamiento humano. Además, para él, el problema de nuestra sociedad moderna consiste en que, tras haber destruido a sus dioses, a sus ídolos, no le queda nada en que creer más que el racionalismo. Y el racionalismo, en nuestros días, es el dinero. Que todos los que crean que ganar dinero y tener dos coches da sentido a la vida, que levanten la mano. Esa será, durante toda su vida, la postura de Jung.

Después de su adolescencia, realiza estudios de medicina con resultados brillantes, y después de psiquiatría. En 1900, con 24 años, empieza a dar clases en la facultad de Zurich. Se abre ante él una espléndida carrera como profesor. Renuncia a ella para dedicarse al análisis, pero también para realizar estudios comparativos sobre mitología y lingüística.

Evidentemente, está al corriente de los trabajos de Freud, que le lleva 20 años, y se pone de su lado. Su amistad comienza en 1906, y acaba en 1913. Durante todos esos años intiman y viajan juntos a Estados Unidos. De hecho, Freud expresa su idea de que Jung asegure su sucesión, pero la amistad llega a su fin a causa de sus divergencias. Ambos están de acuerdo en las virtudes propias del sueño y de su análisis. La postura de Freud es la postura de un clínico racionalista, y la de Jung se dirige hacia una metafísica del desequilibrio.

Esta es la parte de sus desacuerdos que puede explicarse. Freud pretendía compartir con sus semejantes los medios para curarse. Más que encontrar remedios, Jung, por su parte, se encargaba de buscar las causas. Por esta razón siente interés por la lingüística y la mitología, y por eso viaja a países subdesarrollados en busca de estos arcaísmos formales que son el destino común de la raza humana.

Para Freud, el sueño es significante. Para Jung, es significante y símbolo. Freud se dirige al hombre enfermo. Jung se dirige a la sociedad enferma.

JUNG Y LA REVELACIÓN DE LA PROFUNDIDAD DE LA INTUICIÓN

«Jung reconoce que la propia naturaleza de la intuición resulta difícilmente comprensible para nuestro intelecto, puesto que está situada por debajo del umbral de la consciencia, pero esto no arrebata su ab

soluta necesidad: *"La intuición es una función muy natural, perfectamente normal y necesaria; se encarga de lo que nosotros mismos no podemos notar, ni pensar, porque está falto de realidad, como el pasado, que ya no tiene, o el futuro, que no tiene tanta como creemos. Debemos estar muy agradecidos al cielo por poseer una función que nos concede ciertas ideas sobre lo que hay* más allá de las cosas."

La intuición, precisamente por ser un fenómeno de los más naturales, consigue expresarse de diversas maneras, tanto físicamente (olfato "animal") como a través de las emociones (atracción o rechazo instintivo), mentalmente (estimulación intelectual) o en la esfera de lo espiritual (experiencia mística).

Tal como afirma rotundamente Claude Darche: "Para Jung, la intuición procede de una conexión de la persona, de su consciente, con las capas más profundas de su inconsciente, pero sobre todo del inconsciente colectivo: los arquetipos y los símbolos. El inconsciente colectivo es una auténtica base de datos: ha acumulado todas las experiencias del universo y de la humanidad. De este modo, el ser humano se encuentra en posesión de muchas cosas que no ha adquirido por él mismo, sino que ha heredado de sus antepasados».

(B. BAUDOUIN, *Comment développer son intuition*, Ed. De Vecchi.)

Ensayo de exploración del inconsciente

En esta conocida obra de Jung se exponen los dos casos siguientes:

Un hombre, dedicado a negocios poco transparentes, se movía en operaciones al límite de la legalidad. Descubrió un poderoso derivado en los peligrosos placeres del alpinismo. Desde ese momento se dedicó a ello con una pasión irracional, como si los peligros patentes de ese deporte sublimaran en él cierto instinto de destrucción. Sin duda intentaba demostrarse que, yendo más arriba, siempre podría llegar más lejos. Una noche soñó que, tras un difícil ascenso a una montaña, y ya en la cima, ponía el pie en el otro lado, en el vacío, y caía. Más allá de su explicación e incluso de su significado, la señal emitida por este sueño era clara, e implicaba que este hombre acabaría cayendo, o en manos de la justicia, o al fondo de un precipicio. Más aún que el propio sentido del sueño, a fin de cuentas poco importante, el peligro que acechaba a este hombre era muy grande, y se hizo necesario avisarlo de que, si no se moderaba, era evidente que una muerte ineludible le esperaba en cualquier esquina, ya que no se puede ir tan lejos todos los días impunemente. Seis meses más tarde, y para expresarnos con los mismos términos que él había utilizado anteriormente, «puso un pie en el vacío». El guía que los conducía observaba a cierta distancia. El hombre, precedido por un amigo que lo esperaba más abajo, en una cornisa estrecha, estaba haciendo rappel cuando, según palabras del guía, soltó la cuerda y se dejó caer sobre su amigo, llevándoselo por delante en su caída. Ambos murieron.

El segundo caso nos presenta a una mujer rica con una vida suntuosa. Era altiva y se vanagloriaba de sus cualidades. Sin embargo, a pesar de la excelente opinión que tenía de sí misma, había algo que no funcionaba. Tenía muchos sueños que mostraban aspectos desagradables —y, por tanto, imposibles— de su personalidad, y que la disgustaban y perturbaban. Decidió consultar a un analista cuando estos sueños se volvieron insoportables para ella. Esta mujer, poeta en sus ratos libres, tenía una mente de elite, y le gustaba, entre otras cosas, pasear por el bosque a todas horas y recitar versos, embriagándose de su maravilloso gusto y de la gracia que la naturaleza le había concedido al hacerle amar la poesía hasta ese punto. Así, esta mujer que confiaba sus sublimes arrebatos a la penumbra de bosques oscuros corría el riesgo de ser agredida. Si bien el disgusto causado por los sueños la había conducido a consultar a un analista, el médico no la previno de ellos, sino más bien del peligro que corría. Así pues, le advirtió de los riesgos que comportaba su conducta. Algo más tarde, y en pleno día, la atacó un hombre que quería abusar de ella. Ella gritó tanto que la gente la oyó y acudió en su ayuda. Sin duda, si no hubiera gritado la habrían asesinado.

En estas dos historias hay varios elementos comunes y significativos. El alpinista y la poetisa van en busca de una aventura peligrosa. Ni siquiera hacía falta conocer sus sueños para saber eso. Habría bastado con mantener con ellos una conversación sincera. Pero ¿es posible mantener una conversación sincera con personas que se tienen en tan alta estima? Con toda seguridad, no. ¿Cómo alguien que cree que los demás le toman por un ser excepcional, de lo que uno puede convencerse con facilidad, iba a tener la humildad de desnudar su alma a riesgo de mostrar lo que él mismo teme descubrir en los ojos de otro, su pequeñez? Para reconfortar su propia satisfacción mediante pruebas cada vez más difíciles, no queda más remedio que seguir adelante. Sin embargo resulta molesto, aunque cueste reconocerlo. Entonces se recurre a los sueños. Es un artificio para hacerse escuchar o, más bien, para hacerse oír. En realidad, se trata de una llamada de auxilio. El analista de estos dos casos no se equivocó, los avisó e intentó salvarlos. Pero, ¿de qué sirve prevenir a alguien que ya ha tomado una decisión? Después de prevenir hay que curar. ¿Acaso podía el analista, cogido de improviso, actuar a tiempo? Un detalle, *a posteriori*, está cargado de un extraño significado: el alpinista mata a otra persona al suicidarse, mientras que la señora se dirige sola a su anunciada muerte. ¿Cabría decir que mientras en uno hay rencor, en el otro hay candidez?

Imaginemos ahora que estos dos clientes hubieran ido no al gabinete de un psicoanalista sino al de un vidente, y que hubieran contado del mismo modo su desasosiego, sus sueños. ¿De qué elemento arbitrario se desprende la elección entre el analista y el vidente, sino de una subjetividad de clase social? Es más probable que la gente denominada inculta acudiera al vidente, mientras que el resto iría a ver a «su psicoanalista».

Grosso modo, la consulta cuesta lo mismo. Además, la seguridad social no aporta mucho en el segundo caso, y nada en el primero. Aun cuando el vidente hubiera sido de calidad, ¿qué habría visto? ¿Qué habría hecho? Habría visto que ambos personajes corrían hacia la muerte a causa de una voluntad mórbida. ¿Que habría podido hacer, aparte de avisarlos? No olvidemos, sin embargo, que un vidente, por razones sociales, dispone de medios que no están al alcance del analista, y viceversa. ¡Imagínese la publicidad que habría podido hacer el vidente con ese caso de muertes anunciadas!

Más allá de este cinismo, quedan dos preguntas en el aire.

Una es la siguiente: ¿Qué habría pasado si el vidente hubiera anunciado a ese señor que iba a conocer a una estupenda mujer morena, y a la señora, que iba a conocer a un gran poeta checo? ¿No habrían podido, unas predicciones semejantes, tener felices consecuencias en la mente de estos dos personajes?

Segunda parte

EN BUSCA
DE LAS ILUSIONES
PERDIDAS

Si el sexto sentido existiera, ¿no lo sabríamos desde hace tiempo? ¿Acaso resulta creíble que no se hayan sentido impresionados por la existencia de un eventual sexto sentido personajes del siglo IV antes de nuestra era, como Platón, Aristóteles o Pitágoras, o del Renacimiento, como Galileo o Giordano Bruno, o el genio del Siglo de las Luces, Voltaire?

El saber siempre ha sido compartido por la gente que enseña a los demás y por quienes aprenden de los demás. Los primeros crean, los segundos adaptan y repiten (hoy a esto se le llama ser «creativo»). El cuerpo médico, que es la ciencia más cercana a la vida, es decir, a lo común de los mortales, siempre ha sido el más rico en repetidores. Por esa misma razón, siempre ha sido el más sentencioso.

Desde hace medio siglo, la religión ya no tiene el mismo prestigio, porque nuestra sociedad se ha vuelto racionalista debido a la vulgar popularidad del dinero. Es necesario no haber encontrado sentido a la vida para creer en esa única verdad del valioso elemento.

Desde que el individuo ya no tiene dios en el que creer o respetar, ocurre siempre lo mismo: intenta desesperadamente encontrar en sí mismo falsa admiración o falsas esperanzas. ¡Un individuo así tiene poderes sobrenaturales! ¡Un sexto sentido! Esos son los nuevos dioses que quieren venderse a la multitud: individuos dotados de poderes excepcionales, mágicos. *Panem et circenses*, ha llegado el nuevo circo. Imagínese la gloria, en el fondo de sus laboratorios, de quienes hayan hecho florecer a estos nuevos dioses. Al igual que Marcus, jefe de los gladiadores del César, ellos serán los padres. Y suya será la gloria.

Ningún diccionario ofrece una definición de sexto sentido. ¿Quiere esto decir que, al no ser reconocido, no puede existir? Esta es la primera dificultad. Todo el mundo habla de él, pero nadie sabe qué es.

De hecho, lo que cualquier persona entiende por sexto sentido es una disposición de la mente que permite a quien la posee realizar cosas sorprendentes, casi milagrosas, que los demás son incapaces de hacer.

El famoso calculador Inaudi daba inmediatamente el resultado de una multiplicación de seis cifras por seis cifras. ¿Era eso consecuencia de un sexto sentido? No, simplemente resultado de un intelecto prodigioso en lo que se refiere a cálculo mental. En este caso no hacía algo diferente, sino que hacía mucho más.

Un domador era capaz de hacer que sus perros contasen. ¿Acaso era sexto sentido y telepatía lo que le permitía comunicarse con sus animales? No, lo que ocurría es que el amaestramiento mediante tortura hacía que los perros obedecieran al menor alzamiento de las cejas.

El famoso Uri Geller, que retorcía objetos metálicos a distancia, acabó siendo desenmascarado. Pero se necesitaron años, porque poseía en muy alto grado el arte de saber desviar la atención. Sin la concentración de inanimadas cámaras de televisión escondidas, no se le habría podido descubrir.

EL EJERCICIO DE LA VOLUNTAD

«El principio siguiente: "Todos los órganos y todas las funciones del cuerpo pueden desarrollarse mediante entrenamiento" puede sugerirnos que el ejercicio de la voluntad desarrollaría precisamente nuestra voluntad. [...]

R. Assagioli afirma: "Para ejercer la voluntad hace falta, antes de nada, aumentar el capital de voluntad que uno posee; en otras palabras, hace falta ejercer la voluntad de querer eficazmente. Así pues, resulta necesario movilizar la energía de los diferentes impulsos y dirigirla de manera que desarrolle la voluntad."»

(I. CAPONIO, *Les Pouvoirs de la volonté pour réussir*, Ed. De Vecchi.)

Una pareja de telépatas sorprendía por la precisión de los mensajes que transmitían y recibían. ¿Tenían acaso un don especial? No, sólo poseían, como todos sus colegas, un sistema de códigos perfeccionado por la experiencia. No obstante, a fuerza de hacer y rehacer su número, se dio el caso de que encontraron alguna respuesta sin haber utilizado ningún truco.

Con esto se plantea una pregunta: ¿la práctica desarrolla en el individuo el aumento de una determinada facultad? En el caso de que tengamos algo parecido a un sexto sentido, ¿podemos educarlo, mejorarlo? Si es así, ¿qué podemos pensar de quienes tienen un don desde el principio? Cabe tener en cuenta la superchería, lo inexplicable y el entreno.

Desde siempre, desde la lejana Antigüedad, algunos hombres han querido influir en otros y, para ello, se han servido de cualquier medio.

Los individuos, por generosidad espontánea, se han inventado dioses, ya que toda persona lleva en su interior el sentido de lo divino. Rápidamente, los más cínicos se han aprovechado de la credulidad de los más ingenuos y, en muchos casos, han ocupado el lugar de los dioses, como lo muestra la siguiente historia. Fue contada por Orígenes, uno de los padres fundadores de la Iglesia católica.

«Esos magos de mal augurio utilizan una habitación cerrada en la que no entra la luz. El suelo, sembrado de manchas de nafta que se inflaman de forma espontánea, está cubierto por un tejido negro calado. En el centro de la habitación hay un barreño lleno de agua, sobre el que el crédulo puede inclinarse. El fondo del barreño, transparente e iluminado con una suave luz, difunde una especie de oscura claridad que cae desde las estrellas y comunica con una habitación inferior. Es el antro de los dioses. Mediante una señal, el tejido se desplaza y aparecen las estrellas, en medio de las cuales se dibujan, al fondo del barreño, el noble rostro de los dioses. Desde ese momento, tan sólo hay que hacer hablar al creyente, a quien los dioses responderán por un tubo acústico cuando les haya hecho una ofrenda».

La historia antigua esconde infinidad de «cuadros vivientes» de este tipo, en los que esos pequeños Midas transforman en oro la credulidad de sus congéneres.

Vayamos un paso más allá en esta inmoralidad lucrativa y evoquemos a Simón *el Mago*. Nos encontramos en Samaria, alrededor del año 50 d. de C.

«Su profesión consistía en hacer magia, lo que dejaba a los habitantes sorprendidos. Decía que era grande, y hombres de todas clases se acercaban a él, repitiendo: este hombre es el poder de Dios, el grande. La gente se unía a él porque desde hacía tiempo sorprendía a todo el mundo con sus encantamientos».

Un tiempo después, Pedro y Juan llegaron a Samaria para imponer manos a los neófitos. Simón, testigo de los prodigios que los apóstoles realizan, ve en ellos a magos más hábiles que él, y les propone comprarles sus secretos a precio de oro. La actitud ofendida de Pedro invita al traidor a arrepentirse. Probablemente Simón volvió a sus antiguas prácticas. La pregunta que nos planteamos con relación a Simón es: ¿creía realmente o no era más que un charlatán que sentía envidia de quienes parecían más profesionales que él, de quienes realizaban curas mejores que él, de gente dotada de un sentido que él no poseía? ¿No será el sexto sentido el que hace los milagros?

El sexto sentido y el dinero

La astrología

La señora Élizabeth Teissier, por su notoriedad, es en Francia un referente en astrología. Así pues, hablar de ella es hacerle justicia.

Según esta experta, la astrología se basa en la elaboración de una carta astral que representa un cielo astrológico determinado, en el momento del nacimiento, que puede referirse a cualquier cosa: un individuo, una empresa, una planta, un animal, etc.

De esta afirmación se desprenden inmediatas y prosaicas preguntas. Por ejemplo, en el caso de una obra de teatro, cuyo futuro interesa enormemente a las personas implicadas, ¿qué se entiende por *fecha de nacimiento*? Se cuestionarían esto suponiendo que el director, el autor y los actores, todos más o menos motivados por un éxito económico, sean lo bastante supersticiosos como para subordinar a la astrología el destino de sus esperanzas. Para un ser, vivo o no, un elefante, un ratón o una partícula, ¿en qué hay que basarse, en el nacimiento o en la concepción? En el caso de un país como España, ¿cuál es su fecha de nacimiento? ¿Y la de los territorios que piden la independencia? Habría que tomar muchas decisiones al respecto. Los astrólogos las han tomado y pueden predecir con serenidad, o incluso con exactitud, el futuro de España y el de las comunidades.

Un cielo astral se compone de dos luminarias, que son el Sol y la Luna, y de ocho planetas. El más lejano de estos planetas es Plutón, una pequeña bola de 2.400 km de diámetro a la que se le concede gran importancia porque se le ha encargado, entre otras cosas, la representación anal del individuo. Recordemos que la Tierra tiene 13.000 km de diámetro. Pero, ¿por qué Plutón, que está tan lejos y es tan pequeño, goza de tanta consideración cuando muchos otros planetas, más grandes y más cercanos, no han sido tenidos en cuenta? El diámetro de Ganímedes, satélite de Júpiter, tiene 5.300 km de diámetro; el de Calixto es de 4.800 km; el de Titán, satélite de Saturno, es de 5.200; el de Io, de 3.600; y el de Europa, de 3.100. ¿Qué criterio se ha establecido para que algunos merezcan que nos interesemos por ellos y otros no? ¿Qué elemento arbitrario nos ha hecho aceptar que Plutón goce de la misma importancia que Júpiter, sesenta veces más luminoso y mucho más cercano? ¿Cómo pudieron vivir los hombres antes del reciente descubrimiento de Plutón? ¿Acaso no tenían complejo anal? Y, por último, hay que citar también a los miles de asteroides, de masa más o menos grande, que gravitan en el interior de nuestro sistema solar.

La astrología ha nacido de preguntas que el hombre ha gritado al cielo para interrogar a los dioses. Señalemos una vez más, en relación con este tema, que *logos*, en griego, es el discurso; de ahí que astrólogo signifique el discurso sobre los astros, poco valorado por los astrónomos, que son quienes estudian los astros sin hacerlos hablar. En tiempos de Ptolomeo, la Tierra era llana, y el Sol no existía más que para calentar. Con Galileo y Copérnico dejó de ser tan llana y nacieron cinco planetas. A finales del siglo XVIII ya había seis, y en 1929 se descubrió el último, Plutón, el más alejado, sin duda el más pequeño, y descubierto al mismo tiempo que se admitía el psicoanálisis. ¿Tendrán ambos hechos alguna relación? Desde entonces se han descubierto otros. ¿Por qué detenerse en ocho?

Siempre han existido los astrónomos, científicos que estudian los astros y su recorrido, y los astrólogos, quienes los hacen hablar. Nunca ha habido nada en común entre unos y otros. Desde los primeros astrónomos, los caldeos, la ciencia astronómica ha progresado mucho, pero la astrología no se ha renovado. ¿No es esto preocupante?

El cielo astrológico se divide en 12 constelaciones. A esto, los astrónomos responden: es falso, con Ofiuco hay 13. Además, si los astrólogos han dividido el año en 12 meses para albergar a sus 12 constelaciones, concediendo así el mismo valor temporal a cada una, se han alejado de una realidad que atribuye al paso del Sol por cada constelación un lapso que va de seis a cuarenta y dos días. El resultado es que nuestro signo real quizá sean dos signos antes o después en el Zodíaco.

Es cierto que la astrología se presenta bajo la apariencia matemática rigurosa de un círculo de trescientos sesenta grados en dos dimensiones (mientras que el cielo es una bola en tres dimensiones), dividido en doce sectores de treinta grados, y ocho planetas que forman entre ellos unos ángulos determinados. Todo esto tranquiliza la mente y sostiene la teoría. Lo molesto es que si el apoyo es riguroso, el fondo lo no es; no es más que una interpretación y malversación, resultado, en resumen, de un análisis inventivo.

Personas respetables, y otras que fingen serlo, han acomodado la astrología a todas las formas estadísticas posibles. Sólo la gente de poca fe o, simplemente, deseosa de encontrar lo que buscaba, ha fracasado en probar la realidad de los designios astrológicos. Los demás aún están en la casilla de salida, ya que no hay nada que les haya ayudado a desmentir ni a confirmar estas teorías.

A fin de cuentas, hay todavía una pregunta que, entre las demás, sigue siendo curiosa: un individuo que nace en un momento determinado en un lugar determinado está representado por una carta astral única, la suya, pero ¿qué pasa con dos individuos, o con tres? ¿Y si es una mujer? Esto nos conduce a una conclusión llena de esperanza. Si deseo encontrar al amigo, al hermano en espíritu o, incluso, simplemente al hombre o la mujer de mis sueños, quien, más que parecérseme, es otro yo, tan sólo tengo que saber quién nació al mismo tiempo que yo. Tenemos más posibilidades en una gran ciudad. De este modo, podemos intercambiar los papeles. En lugar de buscar nuestra alma gemela, idéntica, decidimos que nuestro destino será más rico en compañía del ser complementario. En ese caso, construiremos primero su carta astral, ideal respecto a la nuestra, para obtener sus datos personales precisos. Si el resultado muestra que se trata de un viejo aborigen del desierto de Victoria al sur de Australia, el riesgo consiste, en este caso, en que nuestro amor ser imposible. Pero sólo en el caso de un hombre.

Último punto. Ya que conocemos perfectamente, gracias a la astronomía, los movimientos pasados y futuros de los astros, no existe la más mínima dificultad en establecer la carta astral de una niña que nacerá el 1 de enero del año 2001, a las 0 horas, en el hospital de una pequeña ciudad de Zaragoza, por ejemplo. Así que ya podemos conocer a esta niña, saber quién es, a excepción del color de su piel. Dicho de otro modo, lo sabemos todo de una persona que no existe pero que va a existir. Dé ahora un paso más en su imaginación y podrá reencarnarse. Los astrólogos, conscientes de la enormidad de esto, aún no han dado este paso. Es lógico.

Así pues, en conclusión: ¿es la astrología una superstición o una ciencia exacta?

La videncia

Tras una programa emitido por televisión en el que se enfrentaban un investigador científico y un vidente, se hizo una encuesta. Primera pregunta: «¿Cree usted que las personas que dicen ser videntes tienen un sexto sentido?». La respuesta fue afirmativa en un tercio de los casos, y en la mitad de los casos fue: no son más que unos charlatanes. Segunda pregunta: «¿Cree usted en la existencia de videntes de verdad?». Dos tercios de las respuestas fueron afirmativas. Conclusión: un tercio de las personas entrevistadas creen en la posible existencia de un sexto sentido y dos tercios creen en la capacidad de los videntes. Según esta situación, será fácil admitir la veracidad del caso siguiente, que ha ocurrido en varias ocasiones.

Una señora, ya que normalmente se trata de mujeres, pone el siguiente anuncio en un pequeño diario local: «Consiga por 600 pesetas la medalla de san Florencio, que cura todos los males». Un número determinado de crédulos envía un cheque y recibe a cambio la medalla, que en realidad cuesta unas 40 pesetas, y una nota que les invita a comprar, por el módico precio de 6.000 pesetas, las instrucciones de uso de la medalla, extraordinariamente eficaces y garantizadas. Un determinado porcentaje responde de nuevo y recibe a continuación una propuesta para ocuparse de ellos personalmente. Se ha puesto en marcha el mísero engranaje, que se traducirá en: 25.000 pesetas para que el niño acabe los estudios, 50.000 pesetas porque salga bien una operación de riñón, 75.000 pesetas por la imperceptible mejora de una ceguera sin solución, etc. En alguna ocasión estos casos se denuncian en los tribunales. También en alguna ocasión se llega a condenar al denunciado. Pero entonces pagan y vuelven a empezar un año más tarde, un poco más lejos. Las desgracias y las esperanzas son grandes, pero más grande aún es la duplicidad de estos bribones.

El 19 de junio de 1986, un motorista se estrelló contra un camión y murió. Ningún vidente o astrólogo, cercano o lejano, había previsto el accidente; sin embargo, en el siguiente salón de parapsicología su carta astral apareció colgada por todas partes demostrando de forma matemática la cita que tenía con la muerte ese 19 de junio. La prueba irrefutable de la videncia es que tenía la posibilidad de anunciar esa inesperada muerte, como lo prueba su carta astral. El no haberlo hecho con anterioridad no constituye en ningún caso un elemento desfavorable a la videncia o a la astrología. Si hay tantos videntes ricos y viviendo en la opulencia es porque la videncia existe, ¿no es así?

La videncia fue objeto de una serie de programas televisivos en Francia. Esta serie estuvo animada por un tal Guy Lux. Sin embargo, no tuvo el éxito esperado. El porcentaje, verificado *a posteriori*, de buenas respuestas de los «invitados», los mismos un mes tras otro, demostró una increíble mala suerte en sus previsiones. Algunas respuestas fueron fatales para estos valientes profesionales, como, por ejemplo, una que se dio con frecuencia, que preveía otra victoria de Yannick Noah en el Roland-Garros, cuando en realidad fue eliminado en la tercera vuelta.

Entre el cliente, ansioso y en estado de demanda, y el vidente, observador experimentado, existe una relación de poder que sólo le sirve a uno de los dos. ¿Cómo actúa entonces el comerciante? Observa, anota, deja hablar. A primera vista ya sabe lo esencial de su cliente. Sabe que pertenece a un determinado nivel social, que tiene cierto carácter (bilioso, nervioso, sanguíneo o linfático) y cuáles pueden ser sus reacciones y preocupaciones ante esos tres problemas eternos que son el amor, el poder y la salud. Entonces sólo se trata de hacer que el interesado hable de cualquier tema, ya que así todo revelará su inconsciente y sus problemas. Sin embargo, más allá de lo que no es más que un abuso de la credulidad, es cierto que algunos videntes tienen en ocasiones visiones sorprendentes y dan respuestas intuitivas que los desconciertan a ellos mismos. En algunos momentos se crean conjunciones imprevisibles que parecen ser resultado del azar. Pero, ¿son en realidad resultado del azar? Y, una vez más, ¿qué es el azar?

En el cuerpo de videntes hay grandes profesionales, así como buena gente. Esta gente sabe que más allá de todas las necedades de ineluctable uso, su deber consiste en reconfortar, dar esperanza a los que ya la han perdido.

LA CAPACIDAD DE OBSERVACIÓN

«Normalmente, a las personas que calificamos de intelectuales les falta capacidad de observación; su cerebro funciona mediante emisiones; sus sentidos, casi dormidos, no captan bien las sensaciones del mundo exterior. [...] La capacidad de observación es importante, porque proporciona los materiales que necesita nuestra imaginación para crear, al combinarlos con los que la memoria ya tiene reservados.

Si estamos dotados de muy poca capacidad de observación, debemos acostumbrarnos a desarrollar esta facultad...»

(C. DE GROC DE SALMIECH,
Relaxation et Détente par la méthode Vittoz, Ed. De Vecchi.)

La numerología

A modo de preámbulo, hay que tener en cuenta que existen tantas definiciones de numerología como numerólogos. Para algunos, la numerología es el estudio de los números. Para otros, es el estudio mediante los números. En otras ocasiones, es la traducción de algo indefinible en cifras que da a ese algo indefinible una garantía, un aire de realidad del que les gusta servirse a los numerólogos.

El estudio de los números fue llevado muy lejos por Pitágoras, quien intentó explicar el significado del mundo mediante el significado de las cifras. Pitágoras fracasó, ya que los números no tienen más significado que su significado intrínseco y numeral. Si reflexionamos sobre esto, veremos que es de una belleza extrema, porque los ejemplos puros de ausencia de significado son poco frecuentes. Esta vacuidad puede seducir, por antítesis, a las mentes lógicas e intuitivas. Por ejemplo, constatar que 9 por 9 son 81 y que 81 se escribe 8 y 1 cuya suma es igual a 9, es una constatación desconcertante. Hay muchísimos juegos matemáticos de este tipo que a menudo nos sorprenden y nos atraen. El error está en intentar dar a esta atracción un significado mayor al significado inmediato y prosaico, un significado que va a legitimar lo desconocido con relación a lo conocido, que va a permitir una extrapolación.

Un límite de la calidad de este sentido propio de las cifras puede concebirse con la siguiente afirmación: una largada de un metro no puede dividirse matemáticamente en tres de forma exacta; sin embargo, hay una lógica patente para la mente en imaginar que tres trozos iguales de determinada longitud, unidos, harán un metro. Resulta evidente ¿no?

Esto aún resulta más sencillo verlo con el número *pi*. Vuelva a tomar la cuerda de un metro y dispóngala en círculo. ¿Cabe alguna posibilidad de que usted pueda medir su diámetro?

Diez piedras superpuestas de treinta centímetros de grosor pueden constituir un pilar de tres metros de altura, no una catedral. Es aquí donde reside el inmenso sofisma de las cifras. Las cifras son la expresión misma de lo vulgar, de lo trivial. Una vez más, es el ser humano quien ha inventado las cifras, y esto no implica en ningún caso que las cifras puedan inventar el mundo. No sería un pensamiento erróneo aquel que pretendiera que, si el mundo puede explicarse, tiene que hacerse necesariamente a partir de algo que no sean números.

Las cifras no conducen a ningún otro lugar que a su propia realidad. Querer hacerles producir alguna otra cosa es el resultado de una ilusión antropomórfica tranquilizadora. Este trámite tendencioso es propio de todas las seudociencias que acaban en «logía» y que, como la astrología, se apoyan o se refugian detrás de un concepto matemático en el interior del cual todo es una invención y una mentira. Desde este punto de vista, la numerología es, quizá, lo más despreciable de la cultura popular y de sus ingenuas esperanzas.

Principios de numerología

Asocie un número a cada letra del alfabeto. A la «A», déle el número 1 y así sucesivamente. ¿Por qué el 1? Es así, no tiene explicación. Con este código, convierta en cifras su nombre y sus apellidos. Su fecha de nacimiento ya está en cifras. De esas cifras, la primera es su número de evolución personal, la segunda es su número de herencia, y la tercera representa su camino en la vida. Si le falta seguridad, puede hacerse con el sistema de referencia que usted elija, por ejemplo, el tarot, la cábala, el quinto evangelio gnóstico, etc.

EL NÚMERO DEL NOMBRE

«La cábala nos enseña que todos los nombres esconden un número, causa y significación de su existencia. Pronunciar un nombre equivale, en lo metafísico, a ritualizar energías y a perpetuar, en cierto modo, la creación. Los romanos decían: Nomina sunt nomina, *los nombres son dioses, porque representan la prisión de la esencia. Los apellidos evocan de manera sutil e incesante a la persona que los llevaba. El nombre, si está asociado a símbolos e imágenes felices, confiere su esencia dorada a quien lo lleva; lo mismo ocurre con el nombre funesto, relacionado a episodios dolorosos o violentos. La elección del nombre, en consecuencia, no debería ser dictada por el gusto o la moda».*

(L. TUAN, *Le Grand Livre des Sciences occultes*, Ed. De Vecchi.)

La morfopsicología

De *morpho*, en griego «forma», *psyche*, «espíritu», y *logos*, «discurso». Dicho de otro modo, es lo que podemos leer del carácter de un individuo en los rasgos de su cara.

La idea previa, tan simple como sensata, consiste en pensar que debe existir una correlación entre el rostro de una persona y su carácter, es decir, una «intermodelización». Como acabamos de decir, y enseguida lo veremos, esta idea es sensata.

El postulado de partida es sencillo: los rostros son «dilatados» o «retraídos». El rostro dilatado expresa confianza, optimismo y apertura. El retraído expresa desconfianza, pesimismo y autoprotección.

Esta simplicidad, poco científica, es insuficiente para basar en ella una teoría. Los criterios siguientes han sido establecidos para cubrir las necesidades de los morfopsicólogos:

— la protuberancia del coraje: situada a dos o tres centímetros detrás y por encima de la oreja;
— la protuberancia de la astucia: también por encima de la oreja, pero ligeramente más hacia adelante;

— la protuberancia de la bondad: por encima de la frente, escondida entre los primeros cabellos;
— la memoria: es una prominencia al fondo y en el interior del ojo. Por supuesto, no podemos verla; deduciremos su existencia si el individuo tiene buena memoria;
— el hecho del asesino: se manifiesta por la presencia de una pequeña protuberancia muy marcada por debajo de la nuca y en la base del cráneo;
— el egoísmo: se mide por la relación entre la altura y la anchura de la frente;
— el sentido del robo: se encuentra en relación directa con la separación entre las orejas y la cabeza.

Podríamos anotar una larga lista de cualidades reflejadas por la forma de la cara y su particularidad. Sólo nos queda verter en nuestro filtro los caracteres que nos interesan. Por ejemplo, Bonaparte responde perfectamente al tipo revolucionario republicano de izquierdas. El pequeño Francisco, que nace en una familia de la gran burguesía de derechas, gracias a Dios perderá a lo largo de su vida política las malas protuberancias que afean su fiero rostro de hombre de izquierdas.

¿Tendría límites, entonces, la fiabilidad de la ciencia morfopsicológica?

Una representación aproximada de ello podría ser el número de protuberancias de asesino que adornan el cráneo de los jueces y, recíprocamente, el número de protuberancias de justicia que decoran la noble frente de los asesinos.

A semejanza del discurso del astrólogo, el del morfopsicólogo comienza así:

«—Una ley muy conocida…

—Ah, ¿y por quién?

—Como todo el mundo sabe, la influencia astral…

—No, ¡yo lo único que sé de la influencia astral es lo que los astrólogos cuentan!».

Hay diferencia entre las palabras pronunciadas, que cualquier irresponsable puede decir, y las palabras escritas, que comportan dudas acerca de la capacidad de su autor. La misma diferencia separa el discurso científico de las habladurías autosatisfactorias.

Se ha puesto de moda no llevar ningún peinado. Al presidente Mitterrand, sin embargo, le gustaba ponerse gorra. ¿Significa esto que por el hecho de llevar gorra una persona aumenta sus posibilidades de ser presidente? También el presidente Mitterrand tenía un perro labrador negro, personaje principal de la postal más vendida en Belle-Île, una isla del noroeste de Francia. ¿Conducirá la ambición inconsciente a un ciudadano a comprarse un labrador y una gorra?

En todas estas «ciencias» se esconde un gran peligro: el de decidir previamente lo que son las personas, catalogarlas con una etiqueta definitiva que las privará de su personalidad y de sus posibilidades, y las encerrará en un futuro artificial e injusto que se les habrá preparado. Los dilatados son buenos. Los retraídos son malos. Solución: hay que hacer desaparecer a la mitad retraída de la población. ¿No le recuerda esto a algunos horrores de la última gran guerra? ¿Renunciaría a contratar a un vigilante de noche con muy buenas referencias porque su morfopsicología le indica que tiene la protuberancia del robo? ¿No estamos aquí ante la esencia misma del racismo? No tenemos derecho a decidir cómo es una persona antes de tener pruebas mediante sus actos. Cuando tengamos esas pruebas entonces podremos juzgar lo que hace, pero nunca cómo es. Respecto a este estado del espíritu, la grafología es, quizá, la que tiene más contenido admisible, si bien el procedimiento en sí sigue siendo poco fiable.

¿Quiere esto decir que la morfopsicología y la astrología se tienen en cuenta a la hora de contratar a alguien?

La parapsicología

¿Qué es la parapsicología?

La parapsicología es la búsqueda y el estudio de supuestas facultades del psiquismo. Su objetivo es demostrar que algunos individuos, teniendo en cuenta determinadas cualidades de la mente, están mejor dotados que otros, y que estas cualidades se utilizan reiteradamente para una función. Los principales ámbitos de acción de la parapsicología son:

— la telepatía: transmisión de pensamientos a distancia;
— la clarividencia: percepción de imágenes o de acontecimientos por medios distintos de los sentidos normales;
— la precognición o retrocognición: conocimiento irracional de elementos del futuro o del pasado;
— la psicoquinesia: acción a distancia del pensamiento sobre la materia, con la intención de hacerla cambiar de forma o de estado.

La parapsicología nació a finales del siglo XIX en un contexto de auge industrial que provocó el nacimiento de una filosofía materialista.

Todo el mundo, a lo largo de su vida, se ha enfrentado a situaciones diversas que no tienen explicación. Por ejemplo, la certeza de que algo va a ocurrir, dos personas que pronuncian la misma frase al mismo tiempo, el recuerdo de algo que nunca hemos visto,, y muchos otros fenómenos de este tipo. Desde siempre, estos hechos irracionales han sido un hecho común para todos, y, paralelamente, algunos individuos han pretendido poseer poderes que provocan esta clase de situaciones. En un mundo que tiende al pragmatismo, la parapsicología ha nacido de la preocupación de estudiar estos problemas, analizarlos y, si es posible, reproducirlos.

La ciencia, a principios del siglo XX, se interesó bastante por ella, ya que personajes ilustres, como Camille Flammarion, estuvieron relacionados con ella. Simultáneamente a esta revolución industrial, la segunda mitad del siglo XIX fue el escenario de un desarrollo desenfrenado del espiritismo en todao los estratos de la sociedad, incluso en los más pragmáticos.

Si bien algunos individuos, sin duda dotados de cualidades denominadas «mediúmnicas», eran capaces de comunicarse con el más allá, esto era debido a una especificidad psíquica que había que dilucidar.

Al cabo de medio siglo de estudio y de investigación, la cuestión aún estaba sin resolver, y no se había podido dar ningún indicio de prueba en este sentido. Tan sólo se había establecido definitivamente un punto: la relación determinante entre el «agente», elemento motor de la experiencia, y el «recipiente», elemento receptivo. Al final se descubrió que la famosa médium suiza que había sido, sucesivamente, María Antonieta o la esposa de un maharajá en vidas anteriores, era una farsante. Sin embargo, a pesar de que esas experiencias espiritistas se daban con frecuencia, la dimensión relacional era patente: miedo a no sorprender, es decir, a fracasar, de ahí la necesidad de inventar cada vez más cosas. Esta debilidad del intelecto, común al espiritismo y la parapsicología, consecuentemente condujo a muchos experimentadores a ordenar «resultados», algunos por su propia gloria, otros por la gloria del espiritismo y de la parapsicología.

A partir de los años 30, la percepción extrasensorial fue objeto de experimentación sistemática. Su industrioso promotor fue el profesor de psicología J.B. Rhine, autor de *La Double Puissance de l'Esprit*, en su laboratorio de la universidad Duke, en Durham. El objetivo de Rhine era comparar los resultados proporcionados por un individuo determinado con el cálculo de probabilidades.

La telepatía

Hagamos un experimento típico de la parapsicología. Cojamos un juego de naipes. Pongamos una pantalla entre dos personas; una de ellas debe mostrar las cartas a la otra, que no puede verlas pero deberá adivinar el palo —trébol, diamantes, corazones o picas. Si repetimos el experimento varias veces, una de dos: o bien conseguimos un resultado conforme a una estadística evidente (25% de respuestas acertadas, ya que hay cuatro palos), o bien se consigue un resultado diferente. En este segundo caso, podremos hablar de alteración de la probabilidad, y podremos pensar en un fenómeno paranormal, que estaría indudablemente relacionado con el sentido adivinatorio, aumentado o disminuido, de un individuo. Esta clase de experimento ha sido realizado infinidad de veces. También puede realizarse con dados; lo normal es obtener un número con mayor frecuencia que otro, según la elección y el poder psíquico de quien los lance. Cabe decir que las estadísticas nunca han sido falseadas por nadie y de manera renovable en proporciones que plantearían una duda.

El juego de cartas corrientes fue pronto reemplazado por el juego conocido como «de Zener», que, en lugar de las clásicas figuras de los naipes, contenía cuatro dibujos simplificados.

Tampoco así los resultados fueron muy determinantes. No obstante, demostraron que las variaciones registradas tendían tanto a la subjetividad como a las cualidades del individuo en cuestión. Por otro lado, cada vez resultaba más evidente que la persona que podía obtener buenos resultados, en ocasiones concretas, era casi siempre incapaz de ser permanentemente bueno. Resulta entonces imposible sacar alguna conclusión, y aún menos establecer leyes.

En 1938, en Leningrado, los soviéticos se interesaron en los experimentos telepáticos, que parecían dar algunos resultados exactos pero sin interés real.

En los años 60, el profesor Rémy Chauvin, en Francia, obtuvo algunos resultados interesantes con animales, concretamente ratones, que eran capaces de evitar la parte electrificada al azar de un área que tenían a su disposición. Fue algo asombroso que llevó a suponer que el instinto animal es más eficiente que el intelecto humano.

En Friburgo, Alemania, Hans Bender procedió a realizar emisiones electrónicas para prevenirse totalmente contra el azar. Tampoco en este caso se descubre nada realmente interesante.

En los años 70, dos físicos, Targ y Puthoff, de la Universidad de Standford (California), se interesaron por la clarividencia. Llevaron a la práctica un experimento a distancia que consistía en hacer describir telepáticamente a un sujeto recipiente lo que un agente le enviaba. Según estos dos físicos, a pesar de que se obtuvieron resultados significativos, el fenómeno de la clarividencia telepática afecta a todos los individuos que se molesten en entrenarse. Esto nos conduce a preguntarnos en qué medida puede hacerse una mejora. La pregunta será objeto de preocupación para los militares rusos y americanos.

Al mismo tiempo, la parapsicología incide en el público en general mediante la psicoquinesia. Rápidamente se forman dos clanes: quienes creen con admiración que gente como Uri Geller o Jean-Pierre Girard son capaces de torcer objetos metálicos a distancia, y quienes —en su mayoría prestidigitadores— no lo creen porque ellos mismos son más o menos capaces de hacerlo con sus trucos. Finalmente, tras intervalos más o menos largos de celebridad, estos falsos magos serán «expulsados del pedestal» por los prestidigitadores. Sin embargo, una seria revista americana, *Nature*, publicó resultados sobre Uri Geller, entre otros, que habían sido refrendados por ilustres científicos americanos. Esto fue un golpe muy duro para la parapsicología, que desde ese momento no ha vuelto a tener la oportunidad de entrar en la categoría de ciencia oficial. Resulta conveniente señalar, sin embargo, que, paradójicamente, en la NASA siempre se han sentido interesados por ella.

TELEPATÍA Y CLARIVIDENCIA

«La telepatía fue inicialmente considerada por Myers, en 1886, una patología, de ahí el nombre que le adjudicó, que viene de tête, *"lejos", y* pathos, *"afección". Así pues, podemos considerar que el término es falsamente apropiado a lo que querríamos designar, ya que la paradoja es evidente: la transmisión del pensamiento no es una afección patológica, y la noción de distancia no tiene nada que ver. En primer lugar, resulta conveniente distinguir la telepatía espontánea de la experimentación telepática, que, por supuesto, permite realizar un control y una evaluación estadística de los resultados.*

En la telepatía experimental es difícil aislar el fenómeno de la clarividencia. Para intentar comprender a qué fenómeno (telepatía o clarividencia) nos enfrentamos, habría que distinguir los dos procesos:

— en la telepatía, hay un agente y un recipiente;
— en la clarividencia, el individuo está solo, es decir, sin la presencia de otra persona susceptible de transmitir (sabiéndolo él o no) una información por transmisión de pensamientos».

(R.L. Mary, *Hypnose et Télépathie*, Ed. De Vecchi.)

Durante ese tiempo, se abrió una nueva vía susceptible de ser estudiada seriamente: la telepatía y su relación con el inconsciente.

La invención y, posteriormente, la evolución de la radio alimentaron el espíritu de algunos investigadores en materia de fenómenos psicológicos. Por otro lado, en esa época, el inconsciente hacía su entrada con fuerza en la imaginación de los investigadores. De ese modo se llegó con bastante rapidez a suponer posibles comunicaciones entre dos inconscientes por el canal de ondas electromagnéticas emitidas por el cerebro.

En 1952, C.G. Jung y el premio Nobel de física W. Pauli propusieron una explicación llamada *de sincronicidad*. Esta teoría, en el ámbito de las aplicaciones consecuentes de la mecánica cuántica, y basada en los fallos de la cadena del determinismo, apuntaba que «la causalidad no es una verdad axiomática sino estadística —y añadía—: Los fenómenos excepcionales, al no depender de las clásicas relaciones causa-efecto del determinismo normal, podrían ser la expresión de un orden invisible del universo al que sólo el inconsciente podría tener acceso». La interpretación de estas palabras es apasionante: un individuo realiza un acto de clarividencia cuando exterioriza algo de modo inconsciente que equivale a otra cosa que se ha producido en alguna otra parte sin causa aparente.

Si existe algo que pueda constatarse en materia de sexto sentido, es esto y únicamente esto. Dicho esto, y si bien podría ser posible reconocer el fenómeno, continuaría siendo imposible reproducirlo o cuantificarlo.

Volveremos a la cuestión de la parapsicología por uno de los pocos caminos que le abren la puerta a un posible futuro: el psicoanálisis y sus relaciones con lo profundo del inconsciente, uno de cuyos ejes prometedores es la telepatía.

Mientras tanto, le proponemos algunos casos para reflexionar.

Historias de «parapsicología»

La casa encantada de Saint-Cyprien

Esta historia tiene como elemento interesante que los dos bandos, los defensores de la parapsicología y sus detractores, estaban presentes.

En 1979 apareció publicado en los periódicos un artículo sobre una casa encantada. Resumiremos la historia en pocas palabras.

La señora y el señor Georget vivían desde hacía 13 años en una casa alejada, en las afueras del burgo de Saint-Cyprien, en los Alpes de Haute-Provence, en Francia. Desde hacía unos meses se oían a intervalos irregulares unos golpes sordos, aunque audibles, en la casa, hasta el punto de que el matrimonio no podía dormir y estaba angustiado. La policía, avisada por el matrimonio, visitó la casa y constató el fenómeno, pero no pudo solucionar el caso, con lo que el misterio continuó. Sin saber ya a qué santos encomendarse, el matrimonio Georget, instruidos por un sagaz periodista, se dirigieron al único laboratorio nacional de parapsicología que existía, aunque no oficial, protegido por una gran universidad del sur de Francia. Dicho laboratorio envió al lugar a su director, el señor X, quien, por amor a la ciencia no dudó en pasar una noche en la casa para estudiar el fenómeno. Esa noche de vigilia, aunque consiguió grabar en un radiocasete portátil los golpes, desgraciadamente no pudo explicar el origen de estos. Según el profesor X, «se trata de un fenómeno de una rareza excepcional que no puede ser causado más que por la psicoquinesia» (psicoquinesia: acción del pensamiento sobre los objetos que modifica su estructura o sus propiedades). Es decir, los golpes son producidos por el inconsciente de los esposos Georget.

El profesor X adoptó una postura oportunista pero comprensible. Era muy tentadora la opción de avisar a los medios de comunicación y poder, por fin, hacer que la parapsicología saliera del menosprecio al que la ciencia oficial la tenía confinada. El profesor X, cuya buena fe era indudable, se apresta a afilar sus cuchillos y prepara su Austerlitz mediatizado por sus cuidados. Con esta intención informó a la prensa, que no dudó en enviar a sus reporteros (*Le Monde*, el *Figaro Madame*…), después le propuso al señor Cuniot, presidente del festival «Ciencia e Ilusión» que se desplazara hasta el lugar del misterio, y pidió a la dirección provincial del Ministerio de Obras Públicas que enviara con urgencia a un especialista. El especialista será el señor Jean-Claude Gilly, que vendrá acompañado de espeleólogos-geólogos, que descenderán hasta el pozo vecino. Estos sacarán las siguientes conclusiones: «Se trata del conocido fenómeno de cavitación, extraordinariamente potente en el presente caso, del mismo tipo que los que se producen en las tuberías cuando se tira en ellas abundante agua. La presión provoca la aparición de burbujas de aire que crecen y luego explotan. El equipo de espeleólogos localizará con precisión el punto donde golpear, y golpeará de tal modo que los impactos se reproducirán de la misma manera en la casa, que, en este caso, hace de caja de resonancia. Según los geólogos, no hay nada que hacer, aparte de esperar a la estación seca o desplazar el pozo».

Un sueño premonitorio: los sombreros en el río

Esta historia es un caso de escuela. Puede encontrarse en todos los libros que hacen apología de los «poderes secretos del ser humano», libros que, a fin de cuentas, no explican nada y suelen limitarse a agrupar antologías de fácil y agotadora seducción. Charles Richet, de quien hablaremos más adelante, también la menciona.

Nos encontramos en la Inglaterra de 1878. La señora Green vive en una casita en la costa sur, a unos 12 kilómetros de Brighton. Es una mujer de unos 40 años, de gran sensibilidad. Los sueños acostumbran a poblar sus noches, y ella les da bastante importancia. Precisamente hay uno que la ha inquietado de tal modo que la ha despertado, primero a ella y luego a su marido, el señor Green, a quien se lo cuenta. El día siguiente es 10 de enero, el día de su cumpleaños y el de su hijo, y la señora Green sigue pensando en ese sueño que no comprende.

«… Dos mujeres jóvenes, cuyos rostros desconoce, conducen un coche tirado por un caballo bayo. Seguramente es verano, ya que hace muy buen tiempo y las jóvenes, elegantes, llevan sombrero, vestido largo y lazos de seda clara. En esto, el carruaje pasa cerca de un río. El caballo, que tiene sed, nota el olor del agua y acelera su trote, sin que la joven que lo conduce pueda controlarlo. De repente, la carretera dibuja una gran pendiente y desciende hasta la valla que rodea el río por la zona donde este está encajonado. El caballo, empujado por su impulso y el peso del carruaje, intenta detenerse. Las dos jóvenes intentan frenarlo. El coche oscila durante un instante por encima de la cuneta, cae y se hunde en el agua en medio de un borboteo de espuma. El río es profundo. El carruaje desaparece, así como el caballo y las mujeres. Los sombreros de esas jóvenes flotan aún por encima del agua».

Tres semanas más tarde, la señora Green recibe una carta de su hermano, que vive en Australia. Dentro del sobre, además de la carta, hay un recorte de un periódico que relata cómo dos jóvenes se ahogaron mientras daban un paseo en coche de caballos. Una era Allen, sobrina de la señora Green, a la que no conocía aún, y la otra era una amiga. La fecha del diario se corresponde con la del sueño inexplicable de la señora Green.

En su libro *L'Avenir et la Prémonition*, el profesor Charles Richet, con relación a este sorprendente caso, escribió lo siguiente: «¿Podría admitirse que el último pensamiento de la joven, mientras luchaba contra la muerte, fuera ir a avisar, hasta las antípodas, a su tía desconocida? ¡Es absurdo!»

Este caso, clásico en los anales de la premonición, resulta desconcertante, y somos tan incapaces de explicarlo como quienes lo han intentado antes. Destaquemos algunos detalles:

— mientras que en Australia es de día, en Inglaterra es de noche. Lo cual comporta la idea de que el inconsciente adormecido y permisivo de la señora Green ha podido ser más impresionable que el de las personas más cercanas a la joven, que se encontraban en plena actividad mental;
— la distancia no parece desempeñar aquí ninguna función, y hay simultaneidad de hechos, como si cada uno hubiera ocurrido en lados opuestos de una misma calle;
— es una tía, no por alianza sino de sangre, quien recibe el mensaje. Esto puede sugerir una pregunta: ¿son mejores conductoras las uniones de sangre?

En resumen, si bien no hemos avanzado mucho, sin embargo podemos decir que nos sentimos seducidos por la concordancia entre este sueño premonitorio y la definición de Jung, que hemos visto unas páginas antes.

Lo que acabamos de explicar sería el enfoque positivo de la pregunta para alguien que quiera creer. No olvidemos que nosotros no estamos aquí para creer, sino para intentar comprender. Así que, ¿cuál será la postura del escéptico?, ¿qué razones podría esgrimir?

La señora Green, probablemente, es muy sensible, incluso muy sensitiva: sueña mucho, cree en los sueños. No olvidemos que nos estamos refiriendo a la sociedad de finales del siglo XIX, un siglo ante todo espiritista. Entonces, ¿por qué no tendría que haber, entre todos sus sueños, uno que, al menos por casualidad, corresponda a una realidad establecida? El señor Green constituye la única prueba de que ella tuvo ese sueño, puesto que ella se lo explicó. Pero, si pensamos en el final de la historia, del que no se nos dice nada, el señor Green deja de existir de pronto, como si acostumbrado (cansado) a los sueños de su mujer (¿histérica?), se retirara de la historia y fuera el primero en mostrar su escepticismo. Sabemos lo que los periodistas pueden hacer de una historia anodina añadiéndole elementos excepcionales. Es decir, según las fuentes de las que se obtenga el relato sobre esta premonición, y si bien los hechos coinciden, los detalles en ocasiones divergen.

Los hechos son claros y poco numerosos: dos jóvenes, un coche de caballos, un río y dos sombreros que flotan en el agua.

Los detalles son: la estación, a la que los narradores hacen referencia o no; el carruaje, que en ocasiones es un *buggy*, coche ligero y suspendido, y en otras ocasiones es un pesado coche como el que utilizan los repartidores de leche en Londres. Otro hecho nos sorprende: que un caballo enganchado pueda caer a un río no ocurre con frecuencia y, sin duda, es necesario que las orillas del río sean escarpadas. Esto hace suponer que había corriente. ¿Cómo han podido, por tanto, quedarse los sombreros en el lugar, estos sombreros que son los héroes de la historia?

Además, el sueño de la señora Green no se vuelve premonitorio hasta que recibe una carta de su hermano tres semanas más tarde. ¿Cuántos sueños habrá tenido antes, durante y después de ese tiempo, de entre los cuales uno, al menos, haya podido ser cercano en su forma? Tendría cierta lógica creer que, al recibir la carta de Australia, la señora Green haya intentado con todas sus fuerzas encontrar en su mente un sueño que se adaptara a la realidad de la carta. En este caso ha sido recompensada, ya que lo ha encontrado.

¿Y la fecha del 10 de enero?

Esto podría ser la parte exacta de la «verdad según la señora Green». Efectivamente, esa noche del 10 de enero, ella pudo despertar a su marido, tal como hace a menudo, lo cual no quiere decir que él no se volviera a dormir, ya que lo suele hacer. Un mes más tarde, ella podría decirle: «Recuerda, ¡aquella noche te desperté!».

Para acabar, ese 10 de enero es la fecha del cumpleaños de la señora Green y de su hijo. Nacimiento, muerte, no están tan lejos uno de la otra. En todo caso, para una mujer sensible como la señora Green, esto bien merece una buena pesadilla, ¿no es cierto? Así que ella ha soñado con una muerte por ahogo porque vive cerca del mar y resulta muy inglés. Además, puesto que su inconsciente no quería matar ni a su hijo ni a ella misma, ni siquiera en un sueño, ha reemplazado su propio personaje por otra mujer, a la que sólo conoce de oídas, y no demasiado unida a ella, su desconocida sobrina.

Nuestras conclusiones, a las que regresaremos más tarde, son simples, y podríamos explicarlas del siguiente modo: existen muchos hechos producidos por el azar. Resuenan poderosamente en la mente de la gente cuya sensibilidad está al límite de la histeria, tan frecuente y tan bien definida por Freud. Pero también ¡qué bonito es tener premoniciones, ser distinto de los demás, poseer este don de ver casi el futuro!

También podemos hacer un razonamiento estableciendo como principio que todo hecho trae consigo una explicación. Esto es cartesiano y válido. ¿Qué podemos decir, sin embargo, de los que aún no han sido explicados? Una parte de estos los clasificamos con la etiqueta de *azar*. Pero tenemos el defecto de soportar mal el azar e inventamos explicaciones seductoras. Según esto, ¿no somos en parte culpables, por ser tan obstinados?

¿Qué repercusiones tienen estos pequeños hechos o acontecimientos en la mente de un científico sin talento, sensato y simple? ¿Por qué los científicos nunca tienen premoniciones, intuiciones femeninas? ¿Es quizá porque admiten la existencia del azar? ¿Acaso es la ciencia el único modo de conocer y apreciar el azar?

Azar y probabilidad

Trabajo habitualmente en la biblioteca nacional. Dios sabe que para escribir un libro sobre un tema que a uno le interesa hace falta leer muchos otros. La biblioteca nacional es el único lugar en el que se encuentran todos.

Para redactar este libro yo utilizaba un ordenador portátil que compré en Estados Unidos y que, en consecuencia, está equipado con un sistema americano. Buscaba urgentemente a alguien que tuviera el mismo modelo para que me prestara el sistema en francés. En la sala de microfilms, me senté al lado de un chico cuyo nombre, como supe más tarde, era Laurent. Este chico se dedicaba con ahínco, dos mañanas por semana, a su tesis de historia política. Comprobé con alegría que Laurent tenía un rostro afable además del mismo Powerbook que yo. Simpatizamos y acordamos un encuentro para que pudiera traerme los disquetes. Él no acudió al encuentro, seguramente porque no pudo. ¿Acaso el azar que nos había presentado iba a ser, para mí, inútil?

Hay 40 plazas en la pequeña sala de los microfilms, y 360 (la mitad con toma eléctrica) abajo, en la gran sala.

Durante esa época, yo iba a la biblioteca de 12.30 h a 18.30 h, cuatro días por semana, mientras que Laurent iba dos veces, de 9 a 13 h.

El factor probabilidad, en el tiempo, que podría haber hecho que nos encontráramos de nuevo era, por tanto, de cuatro sobre cinco para mí, es decir de 0,8, y de dos sobre cinco para Laurent, es decir, de 0,4. Resultado: 0,32.

El mismo factor probabilidad, pero esta vez en el espacio, que podría haber hecho que nos sentáramos uno al lado del otro, era de uno sobre ciento ochenta más cuarenta, es decir, de doscientos veinte. Pero el porcentaje tiene que ser multiplicado por dos, ya que para cada uno hay la posibilidad de estar sentado a la derecha o a la izquierda del otro, es decir, una posibilidad sobre ciento diez. Así pues, la posibilidad de encontrarse uno al lado del otro era de 0,32 x 110: 1 / 344. Cuatro días más tarde nos encontramos de nuevo sentados uno al lado del otro en la sala grande.

No se puede elegir el sitio en la biblioteca nacional, al menos en mi caso, porque llego a las 12,30 h; no es el caso de Laurent, que llega cuando abren, a las 9,30 h.

Es cierto que tanto en el ánimo de Laurent como en el mío había más o menos el deseo de encontrarnos de nuevo al azar, lo que habría ocurrido al cabo de un determinado número de semanas.

¿Qué conclusión sacar de ello? ¿Hay que adjudicarlo al azar, a la coincidencia o a alguna otra cosa?

Este ejemplo es excelente porque es inclasificable. Se trata efectivamente de azar, ya que el hecho, si no deseado, era posible, pero también se trata de una coincidencia porque el hecho, aunque sorprendente, era posible. Sin embargo, eso no quita que encontrarse cuatro días más tarde parezca casi increíble.

La vida está permanentemente llena de ejemplos como este, pero no los vemos, igual que no vemos los rayos ultravioletas. Sin embargo, existen, al igual que existe un *statu quo* de fuerzas que nos manipulan constantemente. Basta con que un mínimo desequilibrio se produzca en un lugar para crear una consecuencia en algún otro sitio. Recuerde aquella definición de Jung y Pauli, relativa a la clarividencia y la sincronización: «Un individuo realiza un acto de clarividencia cuando exterioriza algo inconsciente que equivale a alguna cosa que se ha producido en alguna otra parte sin causa aparente».

En el ámbito de la ciencia

Desde el mismo momento en que el ser humano empezó a estructurar su pensamiento, es decir, a situarse en el mundo que lo rodeaba, se vio cercado por la materia y por algo que no lo es, pero que es de gran tamaño: el cielo. Rápidamente, se sintió invadido por una inexorable dualidad: la materia, fuente y ley de vida, y el cielo, finalidad y objeto del espíritu, de lo imaginario. Entonces le fue posible plantearse una pregunta: ¿representaba él, el ser humano, la forma más elaborada de la materia o bien la forma más pobre del espíritu? ¿Era, en una cadena sin inicio ni final, un simple intermediario, un momento en el tiempo?

A falta de poder estructurar, inventar el mundo hacia adelante, es decir, hacia el futuro, se esforzó en comprenderlo hacia atrás, hacia el pasado. Para ello clasificó la materia en tres estados: mineral, vegetal y animal. Muy a su pesar, le tocó reconocer que él mismo procedía del mundo animal. Por esta razón decidió, puesto que le convenía, distinguir en el mundo animal una categoría superior, la de los seres humanos, y otra inferior, la de los animales. La frontera la formalizaba un único hecho: poder pensar sobre uno mismo, lo que podemos llamar consciencia, en un sentido prácticamente freudiano. Sin embargo, la pregunta sigue estando ahí,: ¿es el ser humano la expresión más elaborada de la materia o la formulación más trivial del espíritu?

Las partículas son eternas

Cuanto más se eleva la materia en la jerarquía, más sorprendente es su análisis, pero también más complicado e incomprensible. Una de sus formas más elaboradas es, probablemente, de la que ha nacido la vida, es decir, las células que contienen el ADN (ácido desoxirribonucleico contenido en los cromosomas). Pero no hay que engañarse, ya que todo esto sigue siendo materia. Durante mucho tiempo, varios científicos materialistas han limitado de este modo su pensamiento a un solo universo filosófico y racional: nosotros nacemos de la materia, vivimos en tanto que materia y, al morir, regresamos a la materia. En ese sentido, se negaba el espíritu o, por lo menos, situarlo bajo la incidencia del azar, ese eterno azar la necesidad del cual, de una vez por todas, se ha admitido.

¿Se encuentra el espíritu en la materia?

El cerebro está constituido por pequeñas células que conocemos como materia gris; esta tiene como función, entre otras, fabricar el pensamiento. El pensamiento es, por tanto, generado por la materia. ¿Podemos deducir de ello que la materia es pensante, que posee un espíritu? Y, yendo un poco más lejos, ¿podemos deducir que hay espíritu en toda materia? Cuando un cuarteto de cuerda toca los violines, produce música. ¿Es eso espíritu o materia? ¿No es muy paradójico admitir que nosotros, que somos materia, tengamos tantas dificultades para comprender esta misma materia? ¿Con qué derecho nos autorizamos a ungirnos del espíritu rechazando a esta misma materia de la que estamos constituidos?

Cuando se descubrieron las técnicas de emparejamiento de cromosomas, que se realizan según procesos de asociación de una complejidad inaudita aún incomprensibles para nosotros, no pudimos evitar sentirnos cautivados por tanta perfección, la que une en un único hecho lo racional y lo funcional no matemático. En este punto, nos resulta posible aceptar la idea de que sólo la naturaleza es capaz de demostrarnos una unión perfecta entre lo racional, la razón, y lo funcional, la función, en este caso, la vida. Nuestro único inconveniente es, entonces, que si bien podemos maravillarnos ante la función, no siempre somos capaces de comprender la razón.

El ejemplo de los cromosomas es uno de los más bellos que pueden apoyar esta tesis: ¿sabe la materia lo que hace (y que se opondría a la desgarradora afirmación "¡qué bonito es el mundo!")? ¿Tiene un pasado y un futuro? ¿Esconde en su interior el conocimiento? Es entonces cuando hay que recordar esta eterna idea, sin duda triste pero objetiva: el mundo no es bello ni maravilloso, el mundo es lo que es y podría ser diferente. Este es un tema tan tratado y angustioso como irresoluble. Es el tema típico que el poeta plantea al científico y que el científico no soporta: ¿cómo podría ser un mundo diferente? Cuando el espíritu decide enfrentarse a esta cuestión, se le plantea una elección ineludible.

A. Situarse como materia en la materia para intentar explicar desde el interior su propio funcionamiento. Se trata de una actitud antropomórfica que se basa en el hecho de llevar a una dimensión humana problemas a los que se les asigna una dimensión y una explicación humanas. Quizá sea de esta manera como las hormigas se explican su propio funcionamiento en el universo que comparten con nosotros. Pero, si bien nosotros podemos imaginar a las hormigas, las hormigas no pueden imaginarnos a nosotros.

B. Intentar, desesperadamente, salir de esta condición humanoide para comprender sus propios funcionamientos, del mismo modo que el hombre ha comprendido parcialmente el funcionamiento de un hormiguero.

La posición A genera este proceso científico que vivimos desde siempre y que nunca nos ha aportado nada nuevo. El hombre de hoy no sabe más sobre el espíritu de sus contemporáneos de lo que en el pasado Sócrates sabía de Jantipo. Pero ha progresado en su conocimiento de la materia. Un pequeño descubrimiento sobre otro pequeño descubrimiento, del mismo modo que un nuevo récord sigue a uno anterior.

La posición B implica inventar según una imaginación nueva, sin basarse en nada existente. Es un delirio total que induciría a la creación a partir de la nada. Esto es inaceptable y ni siquiera se lo plantearían los escritores de ciencia-ficción.

Sin embargo, la explicación, en el caso de que nos fuera accesible, se encuentra en un universo extraño sin relación alguna con nuestra imaginación. Para concebir, durante un segundo, esta visión de la explicación, habría que ser una persona loca y genial al mismo tiempo. Lamentablemente, es probable que de nuestro intelecto a la explicación haya la misma distancia que de la hormiga a nuestro intelecto, una quincena de millones de años.

Si un día algún inventor genial encuentra un medio de entrever el inicio de la explicación, ciertamente no será por métodos científicos. Será más bien por obsesión personal y sin saber que la ciencia ha declarado eso un imposible.

Un científico va a crear un coche extraordinario que, al final, no funcionará. El inventor ingenioso, por su parte, lo hará funcionar.

¿Tiene recuerdos la materia?

Como componentes últimos de los átomos, los protones y los electrones son partículas estables, es decir, tienen una vida infinita. Si hubiera que expresar en cifras el número de electrones que componen un individuo normal, la cifra sería, aproximadamente, de un 4 seguido de 27 ceros. El tamaño de un electrón es de 1/1.000 de mil millonésimas partes de milímetro. Es un espacio cerrado, independiente y sin comunicación con el resto de la materia. En el interior de este electrón, la relatividad espacio/tiempo se encuentra invertida. Esto implica, entre otras acepciones de la física moderna, que el pasado, infinito, es ahí un presente permanente, porque es cíclico en normas de mil millonésimas partes de segundo. Así pues, podemos suponer, y admitir, que este electrón encierra el espíritu juntamente con la eternidad. Por otro lado, este electrón está en perpetua expansión y comunicación con los millones de electrones que componen nuestro cerebro. Este estado de la física nos abre una inmensa puerta a un mundo fabuloso, el de la domesticación de este electrón o, dicho de otro modo, el acceso al conocimiento mediante el robo de su memoria. Esto se puede relacionar con los profundos estudios de los «nuevos gnósticos» de la Universidad de Princeton que, después de veinte años, aún siguen buscando el espíritu de la materia. Algunos no dejan de salvar ese paso aleatorio y creen, si no afirman, que la posibilidad de salvar esta etapa, de comunicarse con la memoria de la materia, procedía, por naturaleza, de un sentido diferente y se salía de lo posible.

Recordaremos con emoción la disputa, hace algún tiempo, por la memoria del agua, caso que acabó siendo objeto de burla. ¿No será este el primer paso de la poesía en lo científico? ¿Habrá en ello algo de verdad? Quizá sí, pero resulta tan difuso que los científicos, con razón, han dejado de interesarse en ello.

Empezamos prácticamente a conocer la materia de la que nada se pierde y todo se transforma. Está cargada de un recuerdo infinito. ¿Conseguiremos algún día comunicarnos con ella?

TRES MÁXIMAS SOBRE
EL MUNDO DE LOS SENTIDOS

«El órgano de los sentidos es un inmenso teclado, sobre el que el objeto exterior toca de repente un acorde con miles de notas, provocando de este modo, en un orden determinado y en un solo momento, multitud de sensaciones elementales que corresponden a todos los puntos interesados del centro sensorial».

(H. BERGSON, *Matière et Mémoire.*)

«La noción corriente de la verdad exclusiva del hecho, tal como nos es revelado por los sentidos, es radicalmente destruida por una aserción como la siguiente, de un físico contemporáneo, Max Planck: "La imagen del mundo físico se aparta cada día más, en su estructura, del mundo de los sentidos."»

(H. DANIEL-ROPS, *Le Monde sans âme.*)

«Cuando se tiene razón veinticuatro horas antes que el resto de los hombres, se acaba no teniendo sentido común durante veinticuatro horas».

(RIVAROL, *Maximes et pensées.*)

Los experimentos
de Charles Richet

En su prólogo a *Notre sixième sens* (1928), Charles Richet —que dedicó este libro a Henri Bergson («este libro de audaz psicología está dedicado a mi ilustre amigo Henri Bergson, el pensador más profundo de los tiempos modernos»)— expone: «... Los hechos que relato implican que hay un sexto sentido. Esto es revolucionario, pero cuando se trata de ciencia es conveniente ser revolucionario con la condición de que nos apoyemos en estas dos bases inquebrantables de la biología: la observación y la experiencia».

La sensación del mundo se adquiere mediante los cinco sentidos:

— el nervio óptico (segundo par), que proporciona el sentido de la vida;
— el nervio auditivo (quinto par), que proporciona el sentido del oído;
— el nervio olfativo (primer par), que proporciona el sentido de los olores;
— el nervio glosofaríngeo (noveno par), que proporciona el sentido del gusto;
— y, por último, el conjunto de la piel y casi todas las mucosas, que implican la noción de contacto y dan el sentido del tacto.

Un individuo desprovisto de estos cinco sentidos estaría en estado vegetativo. Así pues, podemos admitir que en la inteligencia no hay más que lo que aportan los sentidos.

Demostrar que el conocimiento puede mostrarse al espíritu mediante otras maneras distintas prueba, una vez más, la existencia de otros sentidos, de un sexto sentido.

De este modo, la información que nuestros sentidos nos proporcionan conduce a un conocimiento determinado del mundo, un conocimiento limitado por la capacidad misma de estos sentidos. Asociemos a esta idea una idea más, tan repetida pero tan justa: la función crea el órgano. ¿No podríamos proponer, por tanto, que otra percepción del mundo, distinta a la resultante de los órganos, pueda existir mediante sentidos puramente psíquicos que hemos perdido o que hemos renunciado a desarrollar? Pongamos el ejemplo del instinto, ese instinto que hace que un perro recorra mil kilómetros para reencontrarse con sus amos, ese instinto que hace que crucen los continentes las aves migratorias, a las que la naturaleza ha dotado, como condición *sine qua non*, de un increíble sentido de la orientación. Podríamos hacer una lista de nuestras cualidades perdidas de las que el mundo animal conserva un rastro más o menos patente.

LOS INSTINTOS ATÁVICOS DEL PERRO

Con relación a la inteligencia, el instinto presenta la característica de ser inmutable y hereditario: reúne todas las cualidades y facultades que el animal posee ya cuando viene al mundo. El instinto procede de lo innato: puede ser definido como el móvil que provoca en los animales una serie de movimientos y actos —llamados «comportamiento»— que sirven para alcanzar un objetivo útil en la vida.

Sin embargo, este instinto tan poderoso en el perro difícilmente explica algunos comportamientos que nos parecerían más cercanos a un «sexto sentido». Algunas personas, que han desarrollado con su perro una relación afectiva fuerte, tienen la impresión de que el animal se comunica con ellos por telepatía. Este «sexto sentido» del perro está siendo estudiado profundamente por el biólogo americano Rupert Sheldrake. Este científico avanza la hipótesis de un campo «morfogenético» que permitiría que la información fuera transmitida entre el hombre y el perro, y viceversa.

Ganamos mucho en el momento en que abandonamos nuestras condiciones animales, pero también perdimos mucho.

El instinto de los animales merma cuando son domesticados. Si son criados en cautividad y después son puestos en libertad, mueren por ser incapaces de alimentarse o de pelearse para sobrevivir. ¿No estará esta incapacidad de defenderse para sobrevivir, esta pérdida, incluso, del sentido de la vida o, mejor dicho, de la adaptación, directamente relacionada con lo que imaginamos que procede de esta noción tan vaga que llamamos sexto sentido?

A diferencia de los animales, nosotros poseemos memoria o, por lo menos, una consciencia de memoria que constituye la esencia del tiempo, y por tanto, del pasado. ¿Acaso los animales que no tienen consciencia de la memoria no tienen pasado? La respuesta matemática es que no. ¿Viene la memoria a destruir el instinto para construir el pasado? Cuando el animal que éramos se convirtió en hombre y entró en posesión de la consciencia, y luego del pasado, ¿estaba realizando un ineluctable inter- cambio con el conocimiento instintivo, es decir, la eternidad, ya que sin la experiencia comparada no puede haber mejora, sino sólo adaptación?

«El sexto sentido es esta sensibilidad misteriosa que nos desvela de manera imperfecta y en fugaces instantes un fragmento de una rea- lidad desaparecida que quizá no volvamos a conocer nunca»[1].

Estamos rodeados por un conjunto de fenómenos invisibles de los que no tenemos consciencia alguna. La atracción terrestre, que impide a la gente de las antípodas caer; la fuerza magnética, que no nos atrae a pesar de la potencia de un enorme electroimán; las ondas hertzianas, que constituyen una inmensa tela de araña, en el interior de la cual vi- vimos permanentemente, sin ser conscientes de ello; los rayos ultra- violetas e infrarrojos, que saben modificar una placa fotográfica sin que nuestros ojos lo perciban; los rayos X, que han causado la muerte de gran cantidad de radiólogos; los ultrasonidos, que no oímos por de- bajo y por encima de ciertas frecuencias.

1. Charles Richet, *Notre sixième sens*, Artha Production 1995.

103

CHARLES-ROBERT RICHET (1850-1935)

Charles Richet, fisiólogo nacido en París, obtuvo el título de doctor en Medicina en 1877 y de doctor en Ciencias en 1878, consiguió una cátedra en la facultad de Medicina de París en 1878 y fue nombrado profesor de fisiología en 1887. Descubrió la anafilaxis con Portier y obtuvo el premio Nobel de Medicina en 1913. Publicó numerosas obras, como: Les Poisons de l'intelligence *(1877),* Recherches expérimentales et cliniques sur la sensibilité *(1877),* L'Homme et l'Intelligence *(1884),* Dictionnaire de physiologie *(1895). Además, escribió muchos libros sobre el fenómeno paranormal, entre los que encontramos* L'Avenir et la Prémonition, Notre Sixième sens, Traité de métapsychique.

Esto no es más que una pequeña muestra de lo que conocemos del mundo invisible. ¿Qué podemos imaginar, por tanto, de todo lo que no conocemos? ¿Cuál es el sentido que hace recorrer miles de kilómetros a esos animales migratorios hacia el lugar de su nacimiento? Los sistemas de percepción de algunos animales nos son a veces desconocidos.

En materia de percepción extrasensorial, de sexto sentido, el principal defecto de la observación es que no puede ser reproducida. Al tratarse de algo accidental, se presenta de improviso en ciertas condiciones y por razones determinadas.

A continuación veremos algunos casos narrados por Charles Richet en *Notre sixième sens*[2].

La señora Titus

«Una joven, Berthe, desapareció el 31 de octubre de 1898 en Enfield (New Hampshire). La buscaron sin descanso. Más de cien personas registraron los bosques y las orillas del lago. Se la había visto por última vez mientras se dirigía hacia el puente Shaker. Un buzo exploró las aguas del río, que desemboca en el lago, en la zona particularmente turbulenta cercana al puente. No encontró nada. En la noche del 2 al 3 de noviembre,

---

2. *Op. cit.*

la señora Titus, de Lebanonville, a ocho kilómetros de Enfield, soñó que veía el cuerpo de Berthe en un lugar concreto bajo el puente. A la mañana siguiente se dirigió hasta el puente Shaker e indicó con precisión al buzo, que aún seguía explorando, el lugar en el que debía encontrarse el cuerpo de Berthe: "Tiene la cabeza hacia abajo —añadió—, y sólo puede verse una de sus botas de caucho". El buzo vuelve a sumergirse y, siguiendo las indicaciones de la señora Titus, encuentra el cuerpo, escondido bajo las altas hierbas siete metros bajo la superficie. "Quedé impresionado —dijo el buzo más tarde—, no porque los cadáveres bajo el agua me den miedo, sino por esa mujer que estaba en el puente. ¿Cómo pudo, desde una distancia de ocho kilómetros, saber dónde se encontraba el cuerpo? Estaba retenido por las hierbas, en el fondo de un agujero profundo, con la cabeza hacia abajo. Había tanta oscuridad queapenas se veía."»

Podemos llamar a este sueño criptostésico, es decir, verídico, ya que una realidad, la presencia del cuerpo de Berthe en un lugar determinado, fue percibida por la señora Titus sin provocaciones sensoriales normales.

El camino angosto

«Durante la guerra, a finales de 1916, [Charles Richet] hice publicar una nota en el *Bulletin des armées* para preguntar a los combatientes, oficiales y soldados, si tenían algún fenómeno metafísico que comunicar. Esto es lo que me escribió el capitán V, del 13.º batallón de los cazadores de montaña. El relato es demasiado interesante como para no reproducir textualmente la carta que escribió el capitán V el 14 de enero de 1917:

"El 3 de septiembre de 1916, cuando tuvo lugar el ataque en el camino de Maulpas, el alférez D fue alcanzado por una bala en los dos brazos; así que abandonó la línea para ir a curarse. Por la noche, y sin razón, no acudió al llamamiento. Y así fue durante quince días. Se le buscó en todas las ambulancias, pero fue en vano: se le dio por desaparecido. El 18 de septiembre de 1916, el 13.º batallón llegó al mismo sector, cuya línea había sido trasladada unos tres kilómetros más adelante. Durante la noche del 18 al 19, un amigo íntimo de D, el alférez S, vio a D en sueños, dentro de un agujero de granada, al borde del camino y al pie de un sauce, agonizando, y reprochándole violentamente que le hubiera dejado morir.

S, a pesar de ser el oficial más frío del mundo, tranquilo y escéptico, se obsesionó con su sueño. Fue a buscar al comandante, que no lo tomó en serio, pero acordó, por amabilidad y para acabar con todo aquello, un corto permiso a S para que fuera a explorar el camino. S encontró el escenario de su sueño. Al pie de un sauce, un listón con la siguiente inscripción: 'Aquí, dos soldados franceses.' Nada hacía sospechar la presencia en el lugar de los restos de D: sin embargo, más tarde se descubrió que había sido enterrado en aquel lugar unos quince días antes.

Este extraño hecho podrá ser atestiguado por los oficiales del 13.º batallón de cazadores."»

Una premonición personal del profesor Richet

«Estaba en mi casa, en la biblioteca, una noche de 1899. Mi mujer había ido ese día a la ópera con mi hija. De repente, hacia las 22,30 h, imaginé, por primera vez en mi vida y sin notar el menor olor a humo en la habitación, que había un incendio en la ópera. Mi convicción fue tan fuerte que me llevó a escribir en un trozo de papel: ¡fuego!, ¡fuego! Minutos más tarde, pensé que no era suficiente y escribí: ¡cuidado! Entonces, sin ningún tipo de preocupación, me puse a trabajar de nuevo. Hacia la medianoche, cuando llegaron mi mujer y mi hija, les pregunté enseguida si se había declarado algún incendio. Ellas se sorprendieron muchísimo. "No —me respondió mi mujer—, no ha habido ningún incendio, pero sí una amenaza de incendio. Hemos sentido mucho miedo. En un momento determinado, en el entreacto, se ha oído un murmullo; he salido precipitadamente del palco para saber qué ocurría y le he dicho a nuestra hija: 'Sal inmediatamente si te toco el hombro, sin coger tu abrigo y sin esperar nada.' En el pasillo me han dicho que ocurría nada y la representación ha continuado con normalidad."

Pero ese no es el único elemento singular de esta criptostesia. En el mismo momento en que yo escribía en un papel "¡fuego! ¡fuego!", mi hermana, que vive en la misma planta que yo, ya que su piso está separado del mío por una sola puerta, se imaginaba que había fuego en mi casa. Se dirigió hasta la puerta que une las dos viviendas y, justo antes de abrirla, al comprender que su temor era quimérico, se detuvo, pensando: "No, no voy a molestar a mi hermano por esta tontería".

Así pues, en el mismo momento, mi hermana y yo tuvimos la impresión de un incendio. Es la expresión más exacta que encuentro para describir la vaga sensación que mi hermana y yo sentimos simultáneamente, mientras que a un kilómetro de allí había, en la ópera, donde se encontraban mi mujer y mi hija, una auténtica amenaza de incendio».

Otra premonición del profesor Richet

«Hacia las ocho de una mañana de 1907, yo estaba profundamente dormido. Soñaba que estaba con la señora Charcot (¿por qué la señora Charcot, a la que no conocía absolutamente de nada, con la que no había hablado nunca y a la que no había visto?). Estábamos juntos en un coche en una avenida bordeada de plátanos. Era la señora Charcot quien conducía, y el automóvil iba tan deprisa que yo temía que ocurriera un accidente. El accidente ocurrió y me despertó. El accidente era simplemente el cartero, que me traía una carta de valores declarados. Y, en cuanto cogí la carta —realmente no sé a qué atribuir esa impresión—, imaginé que había alguna relación entre mi sueño y la carta (lo que es muy extraño). Estaba tan seguro de ello que, para marcarlo con una señal material, hice una pequeña cruz (testimonio conmemorativo que, sin duda, todavía se puede encontrar en el registro postal de firmas). Creo que es la única vez que he hecho una señal en el registro postal de firmas. Ahora bien, la carta venía de las islas Azores, y era de mi amigo el coronel Chávez, que me pedía una carta de recomendación para el hijo del profesor Charcot y de la señora Charcot (Jean Charcot, a quien entonces yo no conocía), que en unas semanas llegaría a las islas Azores con su yate *Por qué no*».

CONCLUSIÓN
Si unimos estos pocos casos a las admoniciones verídicas de muerte que podemos atestiguar, constataremos que en ninguno de ellos puede haber habido fraude o ilusión.

Pero también podría admitirse la hipótesis de coincidencia fortuita, aunque sea poco probable.

Experimentos del profesor Richet con Mariette

Charles Richet es, durante esta época, externo en Medicina en el hospital Hôtel-Dieu. Siente curiosidad por los experimentos hipnóticos del profesor Charcot. Intenta adormecer a los enfermos y a veces lo consigue. Una de las pacientes con las que lo consigue es una joven de diecinueve años, Mariette. Un día decide mostrar su experimento con Mariette a un estudiante americano que estaba de paso por el Hôtel-Dieu. Así pues, duerme a la joven ante la mirada del chico americano que, naturalmente, era la primera vez que veía a Mariette. Cuando ya está dormida, se le ocurre de pronto preguntarle por algún don de doble visión que pudiera poseer. Le pregunta:

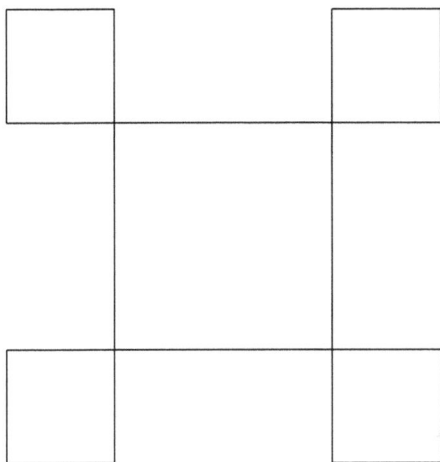

«¿Sabe el nombre de mi amigo?». Ella responde, riendo: «¿Cómo voy a saberlo?». «Si no lo sabe, quizá pueda intentar leerlo». Entonces Mariette se esfuerza visiblemente; frunce el ceño y es evidente que intenta responder. Al cabo de unos treinta segundos, dice: «Hay cinco letras en el nombre. La primera es una *hache*. —Un momento después, añade—: Luego hay una *e*. No veo la tercera. La cuarta letra es una *erre* y la última, una *ene*». El nombre del joven estudiante americano era HEARN. Además de lo discutible de este recuerdo, surge una pregunta conexa: ¿por qué Mariette no pudo leer la letra del centro?

Experimentos del profesor Richet con Alice

Más tarde, cuando se interese por problemas metafísicos, según las cualidades de los individuos con los que se encuentre, Richet se dedicará a otros experimentos. Un sujeto excepcional será Alice, que poseía la propiedad de poder reproducir con gran exactitud dibujos que no veía.

Richet llevará la honestidad, o la perspicacia, hasta el punto de proponerle dibujos elegidos al azar entre otros, y realizados por gente externa al servicio. Esto implica que Richet también desconozca dichos dibujos, para comprobar que no se trata de telepatía. El experimento consiste en hacer que un testigo casual reproduzca el dibujo que Alice ve y describe.

Aparte de los errores lingüísticos, los dibujos presentaban si no una similitud, por lo menos una analogía desconcertante.

El siguiente experimento tuvo lugar en 1887. Al tener un efecto inesperado, resulta sorprendente.

El profesor Richet y el doctor Héricourt se encontraban en el despacho de este último.

«¿Quiere hacerme un dibujo no demasiado difícil de reproducir? —pidió el profesor—. Pero tenga cuidado de que yo no lo vea».

La mirada de Héricourt, de un modo distraído, paseó por la habitación y pasó por encima de la mesa. Entonces cogió media hoja de papel, trazó algunas líneas, la plegó y la metió en un sobre que tendió a Richet.

Esto es lo que dibujó el doctor Héricourt.

Entonces le pidieron a Alice que entrara, y el profesor le tendió el sobre.

Cuando este interrogó a la joven, no sabía nada del dibujo. Estas son las palabras que Alice utilizó para describir el dibujo:

«Hay varios colores, es un círculo doblado en dos, un retrato dentro del círculo, un medallón, un marco; con un óvalo; dentro del marco hay una cabeza de hombre, en el óvalo. No lleva el cuello arreglado como siempre, sino que lleva sutases transversales delante. Es un cuello alto y cerrado. Hay seis o siete sutases transversales, y lleva un quepis en la cabeza. El quepis tiene tres galones circulares. En las mangas hay cuatro galones, o tres, que están en la base de la manga circular; delante, 10 botones. Es la figura de alguien delgado, quizá sentado, pero no veo muy bien lo que no es la cabeza, ni el busto. Lo conozco, pero no puedo decir quién es».

¿Qué relación podía existir entre el dibujo y esta descripción de una imaginación delirante?

La relación era simple. El pequeño dibujo realizado por Héricourt reproducía la orla dorada sobre fondo de madera barnizada de un pequeño marco que había encima de la mesa. El marco rodeaba una foto del médico militar Héricourt de pie, en uniforme, durante la guerra. Así pues, Héricourt había dibujado el motivo decorativo del marco y Alice, en lugar del dibujo, había visto lo que había dentro del marco.

Basándose en estos experimentos, Richet dirá: «¿Cómo dar una explicación a esto? ¿Qué puede ser si no un sexto sentido, aun cuando ustedes lo llamarían, sin razón, telepatía?».

Estos experimentos serán realizados con otros individuos y, en la mayoría de casos, sin éxito. Una vidente profesional llamada Eugénie también se sometió a ellos y, si bien el resultado fue favorable, no pudo igualar a Alice.

Experimentos del profesor Richet con el señor Ossovietski

Como se ha podido comprobar, todos los experimentos de Richet se realizaban con mujeres. ¿Acaso las mujeres son quienes heredan el sexto sentido? ¿Tanto es así que los experimentos vistos hasta ahora son suficientes para convencernos de su existencia?

¡No! Así que, siguiendo con el profesor Richet, al que vamos a acompañar más lejos, les propondremos el caso de un hombre de cualidades excepcionales. Se trata del señor S. Ossovietski.

S. Ossovietski es un ingeniero polaco de unos 30 años. No es ningún médium profesional y se somete al experimento, según parece, con desgana y sin ningún tipo de vanidad. Estas sesiones, largas y tediosas, le resultan agotadoras. Se realizan en dos ocasiones en Varsovia, donde él reside, organizadas por el profesor Richet, que se aloja en el Hotel *de* Europa.

Cuando en 1923 y por segunda vez, el profesor Richet llega a Varsovia, la condesa Anna de Noailles, que está muy interesada en todo lo relacionado con el espiritismo, le da tres sobres, de los que el profesor, evidentemente, desconoce el contenido. Cuando se encuentra con el señor Ossovietski, le da uno de los tres sobres y le propone que intente adivinar qué puede haber en el interior. Ossovietski coge el sobre y lo toquetea durante un rato con firmeza. Después de tres cuartos de hora de concentración, dice:

«Nada de lo que hay escrito en esta carta me afecta. Es algo de un gran poeta francés. Diría que Rostand. Algo de Chantecler, y cuando habla de este, escribe algo que dice el gallo. Hay una idea de luz durante la noche, una intensa luz, y sobre todo Rostand con el poema de Chantecler…».

Ossovietski se concentra durante media hora más, frotando el sobre con sus manos. Continúa diciendo: «Las ideas de noche y de luz aparecen antes del nombre de Rostand. Después aún hay algunas líneas, es decir, una palabra con dos líneas debajo».

A continuación podemos leer el mensaje que había dentro del sobre, escrito por la condesa de Noailles:

Es por la noche cuando es hermoso
creer en la luz.
Edmond Rostand
hacia quien se encuentra en
Chantecler y pronunciado
por el gallo.

El ingeniero Ossovietski se ofrece sin entusiasmo para estos experimentos, que le aburren, le roban tiempo y le cansan. Sin embargo, accede a tomar parte uno más, después de haber acertado más o menos en varios, con la condición de que el profesor Richet le consiga un autógrafo de su ilustre amiga, la señora Sarah Bernhardt. Así que le envía un telegrama a la gran actriz, que responde enseguida con una carta que nadie abre.

El ejercicio es difícil y el ingeniero necesitará dos horas de concentración.

La vida, la vida, la vida… Cuatro o cinco líneas y, debajo, la firma de Sarah Bernhardt, una firma ascendente.

Ossovietski pronuncia por fin la siguiente frase: «La vida nos parece humilde porque sólo hay odio. Hay una palabra que no reconozco. Tiene siete letras y va seguida de un signo de exclamación».

El mensaje que contenía la carta era el siguiente:

¡La vida
nos parece hermosa
porque sabemos que es efímera!
Sarah Bernhardt

El libro del profesor Charles Richet, que más que reflexión es una larga antología, cuenta, describe decenas de casos con la mayor honestidad. No podríamos culparlo de creer en sus conclusiones, y tampoco de habernos convencido. Más allá de todo este muestrario, parece cierto que existen fenómenos inexplicables de adivinación, de videncia, de médiumnidad que se quieren atribuir al sexto sentido o a alguna otra cosa.

Introducimos aquí la conclusión de su propia obra:

«… Si osara basarme en lo que yo he denominado casos de criptostesia en mi propia familia, eso sería ya suficiente para plantearse temas relativos a una rareza que podemos considerar normal. Siete casos más o menos netos, de un total de dieciocho personas en el espacio de su vida.

»Reconozco que si he podido demostrar estos fenómenos de criptostesia es porque los he buscado con tenaz obstinación durante unos cincuenta años. Si cada uno de nosotros hiciera lo mismo, conseguiríamos una enorme cantidad de constataciones. El hecho de que un caso de criptostesia se manifieste una vez en una vida es habitual, común. En cambio, lo que es poco frecuente, muy poco frecuente, es la criptostesia accesible a la experimentación, como lo fue el caso de Ossovietski, por ejemplo. Y, lo que aún resulta más sorprendente, es la escasez de este tipo de personas. Si las contáramos, no encontraríamos quizá ni cien.

LA CONCENTRACIÓN

Es una actitud de movilización de la mente que permite centrar la atención en un tema con la voluntad de llegar a conocer aspectos y dimensiones.
La consecuencia inmediata de este estado es la capacidad de no dejarse distraer por pensamientos parasitarios cuando se está pensando en un problema preciso. Por tanto, en la noción de concentración, hay dos criterios diferentes pero indispensables:
1. La capacidad intelectual de hacer funcionar la mente con la intención de resolver un problema determinado. Podríamos llamar a esto concentración activa.
2. La capacidad de la mente de no distraerse con los requerimientos exteriores. Se trata más bien de una concentración pasiva. Un resumen simplista pero adecuado podría ser: la capacidad de pensar en una sola cosa a un tiempo.

»Pero entonces surge una pregunta: ¿Puede este don mejorarse? Después de medio siglo de experimentos parece que la respuesta es negativa, ya que lo que caracteriza la expresión de esta cualidad es la espontaneidad y la ausencia de esfuerzo. Cuando el individuo intenta mejorar para agradar al experimentador, o simplemente por autosatisfacción, los resultados empeoran».

Hipótesis de una vibración de la realidad

Al inicio de este capítulo vimos que, entre todas las vibraciones que nos rodean, algunas son percibidas por nuestros sentidos, y otras sólo pueden ser percibidas por máquinas. Entonces se impone una hipótesis necesaria para una imaginación real: hay una tercera y obligatoria categoría de vibraciones, las que no percibimos ni con nuestros sentidos ni con la ayuda de máquinas. Sería lógico pensar que esta tercera categoría es infinitamente más rica que las otras dos juntas. Es cierto que se trata de una categoría hipotética, pero tiene que ser así por obligación, porque no puede ser de otro modo. Para convencernos de ello, tomemos como ejemplo el simple hecho de que los rayos ultravioletas existían antes de que los descubriéramos.

¿No será el sexto sentido el medio por el que percibimos algunas veces estas vibraciones desconocidas que, sin duda alguna, debemos admitir?

¿Tienen futuro los estudios sobre el sexto sentido?

Desde el momento en que se admite la existencia de un fenómeno, lo que menos pesado resulta es dedicarse a investigarlo. Pero ¿hacia qué dirección? ¿Ciencias del espíritu o ciencias de la materia? He aquí el primer problema. ¿Concierne al psicoanálisis o a la física de las partículas? ¿Quién, en una sociedad tan especializada, sería tan ecléctico como para sentirse a gusto entre dos campos de investigación tan distintos?

También hay otro gran obstáculo: la convicción no es general y sólo implica a unos cuantos. Desde este punto, al ser tan pocos los que estamos convencidos, ahora queda convencer a los demás, a los escépticos, a los críticos. Mientras tanto, si el sexto sentido no existe, no hay motivo para preocuparse. Pero en lo que respecta a las respuestas que me han dado mis interlocutores, es cierto que hay múltiples razones para detenerse, reflexionar y comprender los conceptos «escondidos» detrás de esta denominación.

Parapsicología y psicoanálisis

El problema más grave que afecta permanentemente a la parapsicología es que sus prosélitos, debido al deseo de ser creídos y reconocidos, en ocasiones alcanzan resultados no significativos.

La parapsicología, como su nombre deja suponer, es una psicología paralela. Su objetivo es descubrir y cuantificar unas cualidades psíquicas que presentan algunos individuos y otros no. Para las instancias establecidas, las que han conseguido sus posiciones en reñida lucha y, a fin de cuentas, recientemente —analistas, psicoanalistas, psicólogos, sociólogos, etc.—, todo eso no son más que despreciables cuentos chinos. Es conveniente añadir que los psicoanalistas, hoy en día desdeñosos, eran menospreciados hace un siglo.

El sexto sentido y la historia

El campo de acción de la parapsicología es doble.

1. Estudio de los fenómenos psicológicos basados en la subjetividad o dicho de otro modo: los fenómenos surgidos de la percepción extrasensorial. Estos son:

a) la telepatía: comunicación de un psiquismo a otro;
b) la clarividencia: cualidad de conocer lo invisible;
c) la precognición: conocimiento de sucesos futuros;
d) la retrocognición: conocimiento de sucesos pasados.

Todos estos conocimientos son adquiridos por medios de información que no son los sentidos ordinarios.

LAS FACULTADES PARANORMALES

La clarividencia

Se trata de la visión, independiente del uso de los cinco sentidos, de objetos, hechos, o personas alejadas en el espació del operador, o bien escondidas detrás de cuerpos opacos: paredes, cajas, sobres, etc. [...] Este fenómeno se produce en condiciones diversas: en el estado de vigilia, durante el sueño normal, bajo los efectos de la hipnosis o en fase de trance; y puede ser espontáneo o inducido en un experimento mediante el empleo de diferentes técnicas de apoyo.

Por ejemplo, mirando fijamente bolas de vidrio, espejos, un fuego, humo, etc., se puede provocar un ligero estado de trance favorable a la manifestación de la clarividencia.

Las cartas, el péndulo, el péndulo de zahorí, el poso del café, entre otros, constituyen los instrumentos específicos para las adivinaciones que ayudan a canalizar las sensaciones y a transmitirlas al plano lógico.

La precognición

Este término, sinónimo de profecía, presentimiento y premonición, designa un tipo de percepción extrasensorial de acontecimientos futuros.

Entre los nombres más conocidos en lo que se refiere a precognición, es conveniente citar al monje Nostradamus, nacido en Francia en 1503. Autor de las conocidas Centurias astrológicas, *de las que todavía gran número de eruditos intentan comprender el sentido exacto, también era médico, alquimista y astrólogo.*

[...] La precognición puede ser **espontánea** *o* **provocada**, *y se manifiesta, en general:*

a) durante el sueño normal;

b) bajo los efectos de la hipnosis;

c) en estados de trance de cualquier nivel.

La retrocognición

La retrocognición equivale a la percepción de acontecimientos pasados y, en consecuencia, significa lo contrario a la precognición, pero depende, como esta última, del campo de la clarividencia.

Se trata de una técnica muy eficaz, sobre todo cuando se desea reunir información histórica sobre hechos que se desarrollaron en una época anterior.

El individuo que la pone en práctica piensa en otra persona y consigue contar algunos episodios de su existencia simplemente manteniendo entre sus manos un objeto que le perteneció».

(L. PAVESI, *Cours pratique de spiritisme*, Ed. De Vecchi.)

2. Estudio de los fenómenos psicoquinésicos (o telequinesia). En este caso se trata de la acción directa de lo psíquico sobre lo físico. En esencia, consisten en modificaciones de la materia —desplazamiento de objetos—, pero también en apariciones, ruidos, y todas esas cosas que no se pueden explicar científicamente.

El conjunto de estos fenómenos ha sido objeto de estudio en profundos trabajos del profesor Charles Richet, que, a principios de siglo, los hacía depender de la «metafísica».

A lo largo del siglo XVIII, tres hombres conseguirán que se hable de ellos: el exorcista Gassner, que liberaba las almas del Maligno mediante pases magnéticos; el célebre Mesmer, que curaba las enfermedades mediante magnetismo animal y su famosa tina, donde las mujeres se bañaban desnudas y en grupo (de hecho fue en esta tina donde se ahogó su éxito, cuando algunos celosos le acusaron de prácticas licenciosas); y el marqués de Puységur, que descubrió el sueño artificial que permitía a la persona dormida no sólo curar su propia enfermedad, sino también diagnosticar y curar las de los demás.

Mesmer habló de un sentido interno al que llamaba sexto sentido. Puységur aumentó las cualidades de este, ya que afirmó que, quien lo poseía era capaz de ver a distancia, predecir el futuro y percibir cosas incomprensibles para los demás.

La escuela germánica, muy atraída por este nuevo aspecto de las ciencias del espíritu, estableció en lugar del magnetismo la siguiente progresión:

— la vigilia consciente;
— el semisueño;
— el sueño magnético, profundo e insensible;
— la iluminación interior;
— el alejamiento que conduce a la contemplación de uno mismo;
— la claridad universal en la que quedan abolidos el tiempo, el espacio y la materia.

La capacidad de erigirse hasta esta sexta etapa estaría más o menos considerada como la prueba de la posesión del sexto sentido.

En la materia, los grandes caballos de batalla del siglo siguiente, el XIX, serán el magnetismo y la hipnosis, paralelamente a una corriente de espiritismo poderoso y nuevo que deslumbrará.

En el ámbito de nuestro trabajo sobre el sexto sentido, cabe plantearse una última pregunta: ¿existe una pasarela sensata, funcional, que una la incierta parapsicología a la esfera de influencia del psicoanálisis?

El hombre y la máquina

El caso

Hakim, un hombre elegante, llama un día a la puerta de un psicoanalista.

Los primeros contactos no son sencillos porque, si bien le gusta hablar de sí mismo, prefiere limitarse a la parte soleada de su personalidad y dejar a un lado la parte sombría.

Hakim es un hombre atractivo de unos cuarenta o cuarenta y cinco años, más bien alto, muy moreno, de ojos negros. Muestra gustoso los movimientos simples pero autoritarios de un auténtico seductor. Dice que trabaja en una embajada. ¿Qué hace? No especifica mucho al respecto. Está casado y es padre de tres hijos. Su mujer, Carima, tiene casi su misma edad y es de la misma región. «La boda fue un acuerdo entre nuestros padres», se repite con una especie de melancolía.

Parece ser que sólo tiene una pasión en la vida. De hecho, con esa especie de suficiencia que los débiles se conceden cuando se creen lo bastante fuertes como para perdonarse sus pequeñas debilidades, confiesa: «Me vuelven loco los coches».

Tiene un BMW. Es su tercer automóvil, ya que lo cambia cada año. Es más potente que el segundo, que también era más potente que el primero. Hakim nació pobre, cerca de un desierto, tenía muchos hermanos y hermanas, y su destino no debería haber sido el que es. En aquel tiempo era muy enclenque, y poco amado por su madre. Su padre empezaba a amasar una fortuna, si se puede llamar fortuna a las vicisitudes de una guerrilla de fronteras que han llevado a un lugarteniente a una posición política repentina y envidiada.

Por el hecho de este rápido ascenso paternal en la jerarquía social, Hakim se casó con la hija de un gran propietario de la región. «Está más gorda que yo», se le escapa.

Sesión tras sesión, se van precisando los detalles de su evolución, y el envoltorio ilusorio, tras el cual se protege, se va rompiendo poco a poco.

Debe su posición social a su padre. Debe su acomodo financiero a su suegro, pero es a sus hijos a quienes él se debe. No los ama más de lo que él mismo ha sido amado.

Según dice, posee un bonito piso que su mujer ha transformado, sin tener en cuenta los gustos de él, en un anexo de *Las Mil y Una Noches*.

De sus palabras se deduce que ya no soporta a su mujer, que no soporta a sus hijos, que no soporta lo que es. ¿No es normal, entonces, que haya enfocado toda su libido hacia su automóvil?

En este caso, ¿qué representa el BMW? Representa un símbolo de poder y de feminidad. El coche, no por ser bonito en sí, sino por ser representativo desde un punto de vista social, expresa para él el hecho de poseer a un tiempo el poder, sexual, y la belleza, social. Cuando cierra, él solo, la puerta de su coche, se convierte en el BMW, es el coche (él) objeto de envidia, es al coche (a él) a quien uno querría amar. Además, cuando está solo en su automóvil, Hakim, que se convierte en él, se vuelve en cierto modo mujer. En esta fase de la comprensión, el traslado de su libido a una máquina potente es caricaturesco.

Para encontrar una salida a este impulso de muerte que le mueve con su mujer, opuesto a este impulso de amor hacia su coche, Hakim seduce. O al menos así lo deja entrever. ¿Es esto tan cierto?

Después de varias sesiones, se puede hacer fácilmente un balance:

— Hakim sufre un gran complejo debido a su origen;
— se siente mal porque su mujer no es joven, ni bonita, ni delgada, ni rubia… ni un BMW;
— no soporta estar imposibilitado económicamente para dejarla;
— compensa esta alienación material con el hecho de poseer un gran coche.

Hakim se encuentra en cierto modo asediado, cada vez más asediado y, cuanto más intenta resistirse, más cuenta se da de la solidez de los barrotes que lo rodean. Cuanto más se rebela contra este encarcelamiento, más infranqueable le parece la barrera. No tiene el valor que mueve montañas. Entonces se va, por las tardes, con su automóvil por la autopista, durante dos o tres horas. Conduce como un loco y luego se detiene, dejando el coche con indiferencia, a la vista, delante de la puerta de una cafetería, y se marcha dejando una buena propina a una camarera rubio platino. Al final de estos paseos, siempre manda limpiar su coche y luego da una vuelta alrededor de él para admirarlo, porque incluso la huella de un dedo le horroriza.

Hakim se da golpes contra la pared y se balancea en el desequilibrio.

Un día entra en el despacho de su psicoanalista en un avanzado estado de depresión: «Cuando he cogido el coche para venir hacia aquí, el ala izquierda trasera estaba abollada. Como si la hubieran golpeado con un martillo. Es increíble lo malvada que llega a ser la gente».

Haciendo un gran esfuerzo por cambiar de tema, añade:

—Esta semana hemos tenido una recepción en la embajada de Dinamarca.

—¿Ha ido con su coche?

—Sí… por supuesto.

—¿Fue una recepción agradable?

—Como de costumbre, ni mejor ni peor. Mujeres hermosas de todas las edades, buena comida. En general, en esta clase de cócteles, las más agradables son las camareras.

Tres semanas más tarde cuenta que la chapa de su coche, que ni siquiera tiene seis meses, se pica como si la regaran con ácido clorhídrico. Inmediatamente se dirigió al concesionario, donde se la arreglaron sin discutir, aunque con cierta sorpresa.

Cuando llega a la siguiente sesión, se le ve desorientado. Su hijo de 11 años acaba de tener una apendicitis aguda y han tenido que llevarlo urgentemente al hospital. No han podido localizar a Hakim al momento, y su mujer se las ha tenido que arreglar sola. Además, la chapa de su coche, una vez más, se pica. Esta vez, en el concesionario lo han mirado de un modo extraño, le han dicho que no comprendían cómo ocurría y que, de todos modos, sería la última vez que se lo arreglaban.

Esa tarde, Hakim permanece largo rato con sus brazos apoyados en los del sillón, con la cabeza gacha y la mirada perdida.

—¿Se siente culpable porque no se ha encargado de la operación de su hijo?

Al cabo de un tiempo, levanta la cabeza y, sin mirar a su psicoanalista, responde:

—No lo sé. No lo creo. Cuando pienso en esa operación es como si la viera a través de una pantalla que no es mi vida, sino la de otra persona. Pero también me veo llegando en coche con mi hijo en brazos para hacer que lo operen urgentemente. Es como si fuera un papel, mi propio papel.

Unos quince días más tarde, el hijo de Hakim entra en coma. Es difícil explicarse por qué, en esas condiciones, él vuelve a visitar a su psicoanalista. En cuanto entra, exclama:

—Han roto un faro de mi coche. Mi hijo está muy mal.

—¿Qué le ha ocurrido a su coche?

—Lo he encontrado en el garaje esta mañana, con un faro roto, como si lo hubieran golpeado con un martillo.

— ¿Con un martillo?

—¡Sí!

—¿Cómo es el garaje de su edificio?

—Es pequeño. El edificio no es grande; sólo hay unas doce viviendas.

—¿Hay trasteros?

Miró a su analista con atención.

—Sí, hay trasteros, al pie de la escalera. Habrá tantos trasteros como pisos.

—¿Y tiene usted un trastero?

—¡Sí, claro!

—¿Y qué hay en su trastero?

—Trastos viejos, cosas sin importancia.

—¿Algo más?

—Herramientas.

—¿Para qué las utiliza?

—Son herramientas que no hemos utilizado nunca, están nuevas.

—¿Pero para qué podría utilizarlas?

Al cabo de largo rato, Hakim acaba levantando la vista. Mira al psicoanalista y se levanta.

De pie ante la mesa, duda aún; entonces dice:

Herramientas que habrían podido servirme para destruir yo mismo mi coche sin ni siquiera darme cuenta de ello... Bueno, voy al hospital a ver a mi hijo.

REFLEXIONES

Este es un caso verdadero. Podemos encontrarlo varias veces en los anales de los psicoanalistas, en variantes cuya esencia sigue siendo un hombre y su coche-compensación.

La articulación de las relaciones de fuerza se da, como siempre, en forma de triángulo.

A. Infancia-Construcción   **B.** Presente-Resultado

C. Fenómeno compensatorio

• *La infancia-construcción:* Hakim, con ocho hermanos, no tuvo el mismo derecho que los demás a tener su novena parte de amor. Cuando se trasladó a París, a la edad de veinticinco años, descubrió hasta qué punto era diferente. A partir de ese momento desarrolló un sentimiento de injusticia por no haber nacido francés, o alemán, o danés, o inglés; alto y rubio, en todo caso. Hakim es de temperamento sanguíneo e impulsivo. Sufre más de lo que para él es comprensible, pero, sin duda, prefiere no comprender porque sabe que, en el fondo, no por ello sería más capaz de actuar, y sí sería más infeliz, tanto como manifestara su propia mediocridad.

• *El presente-resultado:* El problema de Hakim no son los complejos, ya que no ha tenido posibilidades en su infancia de crearlos y desarrollarlos. Se trata de la envidia, que él transforma en injusticia, porque la injusticia procede de los otros y la envidia viene de uno mismo. La injusticia se le aparece por todas partes, o la crea él mismo. En casa, su mujer, que ha engordado tanto, ya no resulta apetecible. Así, tiene necesidad de compensar su libido frustrada en otra parte, y esto no siempre resulta fácil.

• *El fenómeno compensatorio:* La vida nunca es lo que uno querría. Esto afecta más o menos a todo el mundo. La lucidez consiste en no ilusionarse con el propio valor y aceptar la realidad del mundo tal como es. Esto no implica que la lucidez suponga sufrir menos, sino que simplemente permite no caer en la compensación patológica inconsciente que, poco a poco, sumerge y desequilibra, ya que cualquier individuo que se sienta infeliz buscará una compensación a su infelicidad. En este trámite compensatorio siempre hay un umbral que no hay que traspasar. Más allá de este, el objeto de compensación, sea de la naturaleza que sea —individuo u objeto—, adoptará una dimensión, una importancia mayor que la de una simple distracción para conservar el equilibrio. Será él quien genere una nueva distribución de los papeles y de los valores. Los más débiles, entonces, transforman lo que no era más que una distracción en una razón para vivir. Esto es lo que ocurre con el enamorado apasionado, el alcohólico, el drogadicto, o cualquier clase de fanático.

En el caso de Hakim, su automóvil representa esta compensación/desviación que le permite vivir mejor durante un tiempo, pero que luego se transforma en pasión exclusiva, es decir, en compensación patológica. Sin embargo, en el inconsciente reprimido de Hakim, el hecho consiste en que el coche no es más que un coche, y si en su consciente no existe ninguna dificultad en confesar su debilidad por el automóvil, en su inconsciente siente la necesidad de golpearlo, de castigarlo. Y eso es lo que hará.

• *¿Trance o telequinesia?:* El BMW es dañado por la voluntad inconsciente de Hakim. Esta voluntad inconsciente puede llegar a actualizarse cuando la persona no es consciente de lo que hace.

LA PERCEPCIÓN EXTRASENSORIAL, NUEVO CAMPO DE INVESTIGACIÓN

«A lo largo de los años, la parapsicología ha ido entrando en una nueva era, intentando identificar, estudiar, definir y clasificar los fenómenos paranormales. Con el tiempo, se diferenció entre dos grandes categorías:

— la percepción extrasensorial, *relativa a las percepciones observadas sin la participación de los órganos de los sentidos, y que sobre todo reúnen la telepatía, la clarividencia, la clariaudiencia, la precognición y la retrocognición;*
— los *fenómenos de psicoquinesia, relativos al movimiento de los objetos provocado por una fuerza desconocida (que podría ser la mente del hombre), entre los que estarían la telequinesia, la levitación y algunos efectos de materialización y desmaterialización.*

Suele verificarse, en muchos casos, que estas dos categorías se influyen mutuamente, por el simple hecho de que mantienen lazos muy estrechos con el psiquismo del ser humano. Hasta tal punto que, con la intención de simplificar, se ha llegado a hablar globalmente de función psi *para designar a estas intervenciones humanas tan "particulares"».*

(B. BADOUIN, *Les Phénomènes de perception,* Ed. De Vecchi.)

Así pues, estaríamos ante un individuo con un estado psicológico modificado próximo al trance, que cometería un acto sin ser consciente de ello, y que se encuentra únicamente gobernado por la ley de su inconsciente.

Una segunda explicación posible nos conduce a la noción de telequinesia, que es la facultad de desplazar objetos a distancia con la «fuerza de la mente». Sabemos que algunos aficionados al yoga son capaces, gracias a un poder de concentración fuera de lo normal, de levantar su propio cuerpo algunos centímetros. Del mismo modo, personas que han desarrollado su volición hasta un nivel suficiente han adquirido la facultad de vencer a las leyes de la gravedad y de la inercia. En el caso que estamos tratando, podría ser que el poder del inconsciente fuera capaz de ejercer una acción sobre un objeto real. Una acción aquí incontrolada pero que, para quien sepa dominarla y controlar el proceso, puede convertirse en un fantástico poder.

Proverbios y muerte

El caso

Maxime es un niño de cuatro años y medio. Sería el hijo único más feliz del mundo si no hubiera nacido, un año y medio antes, una hermanita. El bebé, no deseado por Maxime, fue una sorpresa. Antes, su madre le dedicaba a él mucho tiempo; ahora es a la hermanita a quien dedica todo el tiempo que ya no dedica a Maxime. Por supuesto, queda papá, que no ha cambiado de actitud, pero papá no suele estar en casa. «Viaja por los neumáticos», dice mamá.

Mamá se llama Clémence. Antes iba a trabajar, como papá. Pero ahora ya no. Maxime lo comprende, se tiene que ocupar de la hermanita, que es una niña. En la guardería de Maxime también hay niñas. Él sabe muy bien lo que es. No le gustan las niñas. Cuando juega con algo, siempre hay una niña que quiere lo que él tiene. Si se lo niega, la niña se pone a gritar. «Venga, Maxime, ¡hay que saber compartir los juguetes!», dice Anna, la mujer que los cuida. Maxime no sabe bien qué es Anna: no es una niña, ni un niño, ni un padre. Cuando Maxime coge el juguete de una niña que no se lo quiere prestar, la niña se pone a chillar, y entonces llega Anna y regaña a Maxime: «Vamos, Maxime, ¡no hay que arrancarles los juguetes a las niñas!». Entonces se sube a una silla y mira por la ventana. Sabe que Anna quiere que baje, pero no se atreve a regañarle más. La última vez que hizo esto, entró la directora (que nombre más raro). Cuando vio a Maxime subido en la silla, empezó a gritar: «¡Maxime, baja de ahí, por favor, te puedes caer!». Y entonces se volvió hacia Anna: «No le deje volver a subir a la silla, Anna. ¿No se da cuenta de que si se cae se puede romper algo?». La directora habló a Anna como Anna le hablaba a él.

Anna se parece más bien a Clémence, y la directora a su abuela. La abuela murió la semana pasada, o el año pasado, en todo caso hace tiempo. Maxime se acuerda mucho de su abuela. Se la llevó un cáncer. El cáncer debe de ser como la directora. La gente dijo que había muerto.

«¿Qué quiere decir "muerta", mamá?»

Maxime tiene ideas al respecto, pero son imprecisas. Si le pregunta a su madre, es al mismo tiempo por ganas de saber y de provocar.

Clémence se incorpora, y mira a Maxime: «Muerta… es alguien que se ha marchado para siempre y que no volveremos a ver».

Esta tarde, como de costumbre, su madre viene a buscarlo. Lleva el carrito con el bebé, su hermanita. De regreso, los acompaña Jérémie y la mamá de Jérémie; va a tomar una taza de té con Clémence. Compra panecillos con pasas y chocolate cuando pasa por delante de la panadería. Cuando la mamá de Jérémie le pregunta qué quiere, Maxime responde que no quiere nada. Por suerte, reacciona a tiempo. Después lo habría lamentado. Un día, fue papá quien se lo contó, Maxime diría: «¿Sabes, papá? Sé lo que quiero decir, pero no encuentro las palabras». Hoy, si Maxime hubiera sido capaz de expresar sus pensamientos, habría dicho: «Siento haber lamentado». Ahora sabe las palabras, muchas. Por supuesto, esto no está muy claro, pero Maxime se comprende a sí mismo.

Por un instante, Jérémie, que ha engullido su panecillo de chocolate en tres mordiscos, juega con unos cubos. Maxime come tranquilamente.

Mamá le da el biberón a la niña. Maxime recuerda cuando también él tenía biberones. Echa de menos aquellos momentos. No se atreve a decir a su madre que de vez en cuando le gustaría que le diera un biberón.

«Cuatro», dice.

Su madre se vuelve hacia él.

—¿Cuatro qué, Maxime?

—Que somos cuatro.

Las dos mujeres se quedan sorprendidas por un instante.

—No, cuatro no, cinco —le explica la mamá de Jérémie.

—No, cinco no, cuatro. La niña no cuenta.

—¿Así que sabes contar, Maxime? —pregunta Clémence.

—Sí, sé contar, sobre todo neumáticos, papá me ha enseñado.

—¿Seguramente también sabes leer?

—Sí, sé leer.

Clémence se levanta, coge un libro de la estantería y se lo tiende: «Venga, Maxime, léeme algo».

Entonces Maxime abre el libro por la mitad y empieza a leer siguiendo las líneas con su dedo. «En medio del bosque había una vez un papá y una mamá que tenían un hijo único…»

Las dos mujeres se echan a reír.

«¡Muy bien, Maxime!», dice la mamá de Jérémie.

Él tiene la ligera impresión de que lo toman por tonto.

Mientras juega con los cubos con Jérémie, oye a Clémence como un sonido de fondo. Esta dice:

— El parto está previsto para principios de agosto. Pero no sé por qué, tengo miedo de abortar. Y lo que no sé es qué haremos con Maxime, ahora que mi madre ya no está.

— En agosto estarás muerta —dice tranquilamente Maxime, sin levantar la vista de los cubos.

Las dos mujeres se vuelven hacia él, boquiabiertas, pero no dicen nada.

A finales de junio, Clémence aborta, y sufre una peritonitis aguda. Después de pasar doce días en el hospital, muere de septicemia.

Maxime deja repentinamente de hablar, come poco y tiene pesadillas. Su otra abuela, una mujer de mucho carácter que no se entiende con su hijo, decide instalarse en la casa. Le cuenta cuentos, no le hace preguntas, y finge no darse cuenta de que Maxime, cuando está con su hermana, presenta a veces síntomas de histeria.

Decide llevarlo a un psicoanalista.

REFLEXIONES

La dificultad de este caso no reside en el análisis, sino en la conclusión. Más o menos hasta los tres años, Maxime ha vivido prácticamente solo con su madre porque aún no tiene ninguna hermanita y porque su padre, representante, viaja mucho. Entre estos dos personajes, los lazos son profundos y fuertes. Cuando la pequeña ladrona del nido lleva ya un año en la casa, la afirmación de Maxime es clara: «Me ha quitado a mi madre». Lo lógico sería que la venganza de Maxime se dirigiera a la niña en forma de agresiones físicas, pero, y esto muestra la lucidez de Maxime, este decide, más o menos de forma consciente, que la niña no era culpable, o al menos no era responsable. Este caso es, por tanto, prácticamente lo contrario al anterior, es decir, que este niño es consciente ya de su responsabilidad. Esto es frecuente en los niños inteligentes. En cambio, si bien Maxime acepta asumir las responsabilidades de la niña, no acepta asumir las de la madre. Resultado: él está resentido con ella por su incapacidad de solucionar un problema que

129

ella le achaca a él, mientras que él asume su responsabilidad y la de su hermanita. Conclusión: la madre, que es inútil, sobra.

Desde este momento, el concepto de inutilidad perniciosa de su madre se asocia con la noción de muerte, como la de la abuela. Desea la muerte de su madre o, por lo menos, desea en su consciente, en algún lugar entre lo concreto y lo abstracto, alguna cosa que la castigue Así, día tras día, se va instalando en el psiquismo del niño un problema que le corroe y al cual no ve solución porque el tiempo para un niño de esta edad no es más que inmediatez. Podemos preguntarnos qué compensación se encuentra a su alcance. Como hemos visto, se ha acercado más a su padre y ha aprendido a contar porque le faltaba su principal proveedor de amor. Por supuesto, a este niño le gustan las cifras, que deben de representar para él una traducción del mismo tipo que las palabras. Pero, al menos, siempre hay algo destacable en el hecho de trasladar hacia lo positivo antes que hacia lo negativo. Esto no tiene nada que ver con ser niño o adulto. Es una cualidad de origen.

Por ahora, estamos en la etapa en la que la carga emocional está muy presente en la mente de Maxime, como un absceso que no tiene posibilidad de reventarse. El niño no puede plantarse delante de su madre y decirle: «Quiero que te mueras». La naturaleza de su relación lo hace imposible. Cuando la casualidad conduce a Jérémie y a su madre a casa, el ambiente es trasladado a una dimensión objetiva de realidad en la que Maxime encuentra una dimensión de simplicidad fuera de lo subjetivo maternal. Una segunda casualidad se une a la primera, cuando las dos mujeres empiezan a hablar del futuro. El futuro, al menos, es algo con lo que Maxime no tiene nada que ver, es decir, un terreno neutral. Entonces, de inmediato, sin ni siquiera pensar en lo que dice, oyéndolo en el mejor de los casos, se precipita con esta oferta sorprendente: «En agosto estarás muerta».

Cuando Maxime se expresa de ese modo, no está declarando su voluntad, sino que está haciendo una descarga emocional, en el momento en que ha podido hacerlo. Es como si, por fin, tuviera la posibilidad de curarse el absceso a buen precio. La solución era más fácil, casi más lógica, desde el momento en que el método que él eligió para hacerlo era la muerte, noción real pero abstracta que intriga a todos los niños de cuatro a siete años. Maxime le había preguntado un día a su padre: «Papá, ¿cuándo te mueras me darás tus zapatos?». Así que cuando Maxime anuncia la muerte de su madre para el mes de agosto, aunque sea por razones perfectamente poderosas, se trata de una muerte abstracta, merecida pero abstracta. Aunque la pregunta sigue ahí: ¿ha habido una premonición?

Sentimos decirle que cualquier respuesta sería inútil, por ser subjetiva y tendenciosa.

—Pero no puede hacerse una abstracción del hecho de que Maxime haya anunciado esta muerte.

—Evidentemente no, pero no es suficiente, ya que la intención del niño sólo afecta a la forma, no al fondo y, menos aún, al significado. Esta intención se convierte en una concha vacía de sentido. ¿Sigue siendo una caracola aquella de la que no queda más que la concha?

Además, lo que sería sensato admitir de este caso es el proceso en el que se encuentra Maxime después de esta muerte anunciada. «Sí, quiero que mueras, pero no para siempre». Y cuando llega la muerte, para siempre, es decir, la ausencia, Maxime se encuentra desbordado por este mundo real, de las personas adultas, que de pronto existe y le abate. Maxime ya no entiende nada y, debido a su sentido de la responsabilidad, acepta lo inaceptable: «He matado a mi madre».

Si la abuela no hubiera estado ahí, Maxime se habría vuelto loco. Era inevitable.

Más allá de lo indefinible

Hemos intentado, a lo largo de este libro, plantear preguntas con lógica y sencillez. Nuestro objetivo no ha sido llevar a creer en misteriosas revelaciones que dejaran suponer que podemos ser superhombres dotados de un sexto sentido. Nuestro objetivo ha sido plantear interrogantes, vías de reflexión, de manera lo suficientemente clara para que cada cual, al final de la lectura, pudiera encontrar sus propias respuestas sin influencias exteriores.

¿Existe el sexto sentido?

Esta fue la primera de nuestras preguntas. Lo menos que se podría hacer, en relación con esto, sería dar una definición de sexto sentido. Pero ¿cómo dar una definición de algo que teóricamente no existe y sobre lo que los científicos discuten? Ya lo hemos dicho: los diccionarios no reconocen su existencia. Por tanto, tenemos que limitar nuestro objetivo a una eventualidad que podríamos expresar de la siguiente manera: si, a pesar de la lógica cartesiana o racionalista, existe un sexto sentido, ¿cómo es? Sinceramente, nos sentimos obligados a reconocer que, a veces, nos enfrentamos a acontecimientos extraños que, respecto a nuestra incomprensión, son obra del azar, o de alguna otra cosa indefinible. ¿Es esto el sexto sentido?

Imagínese que se encuentra con alguien igual de corpulento que usted. Hacen amistad y él le lleva a su gimnasio. Con sorpresa, usted comprueba que él puede levantar un peso de 120 kg ¿Se trata de un superhombre? No, es un hombre entrenado.

Un zahorí, en Jura, tiene fama de ser infalible buscando agua. ¿Se trata del efecto de maravillosos dones radiestésicos? No, simplemente su padre antes que él hacía lo mismo, y también su abuelo. De generación en generación, se ha desarrollado el instinto, y su varita de avellano, en la que cree, no hace nada. Está dotado, eso es todo. Sin embargo, es cierto que, sin la varita, este individuo, desarmado, no encontraría nada porque, inconscientemente, no querría encontrar nada. La autosugestión es poderosa. ¿Y el sexto sentido?

La semana que viene, miles de personas que tienen unas ganas locas de ganar dinero, soñarán que ven la combinación ganadora de la *bonoloto*, y al día siguiente, marcarán las casillas como «empujados por una fuerza poderosa e invisible».

Ninguna de ellas gana. ¿Demuestra esto que las premoniciones o el sexto sentido son un engaño?

Una de esas personas gana. ¿Prueba esto que es susceptible de tener extraordinarias premoniciones provocadas por un sexto sentido? Durante los meses siguientes, tendrá varias veces otras premoniciones tan convincentes, porque se trata de algo a lo que nos acostumbramos desde el primer momento, y sin embargo no volverá a ganar. ¿Significa esto que ha perdido su sexto sentido? No, significa que mucha gente desea ver un futuro mejor y empieza a imaginar, luego sueña con eso y lo toma por una premonición. En el caso que nos ocupa, habrá habido miles de premoniciones y un solo ganador. Tan sólo es el efecto del azar. Pero si este individuo ganara cada año veinticinco millones, entonces sí aceptaríamos la existencia de un sexto sentido.

La autosugestión es poderosa en el individuo que quiere que ocurra lo que desea, y también es su falta de objetividad lo que hace que esté convencido de que «lo había visto».

¿Premoniciones y sexto sentido?

Todos tenemos sueños que guardan más o menos relación con una realidad futura. Si podemos relacionarlos con esta realidad cercana es, simplemente, porque nosotros somos el elemento común entre esos sueños y la realidad.

Entre nosotros hay quienes quieren asociar sus sueños a la realidad y quienes no encuentran relación alguna. Los primeros tienen premoniciones que, debido a la casualidad y a la abundancia, un día se cumplirán; los segundos no tienen. Los primeros duermen mal y sueñan mucho. Los segundos duermen bien y no sueñan, o al menos eso dicen. ¿Recuerda cómo el profesor Richet, en un determinado momento, dijo que entre las diecisiete personas de su familia más próxima, había podido enunciar ocho premoniciones exactas en toda su vida? Habrá quien diga que esas son las palabras más sensatas de todo este libro.

¿La interpretación de los signos?

Durante la guerra de Vietnam murieron muchos jóvenes, y muchos otros sobrevivieron. Esta guerra tuvo como escenario, en muchas ocasiones, selvas y bosques. Los vietnamitas, en su ambiente, no tuvieron que adaptarse, pero los americanos debieron acostumbrarse a condiciones hostiles para sobrevivir. Rápidamente fueron habituándose, y, al final, algunos ya eran expertos. Es imposible pasar tres años de guerra en una zona peligrosa sin adquirir cualidades que no se poseían anteriormente. Estas cualidades son generadas y desarrolladas por el instinto de supervivencia. Entre ellas se encuentra en primer lugar el sentido específico del peligro, que a fin de cuentas no es más que una receptividad agudizada a todo tipo de señal, de advertencia. Quizá sea ahí, y sólo ahí, donde se esconde el sexto sentido: en la interpretación inmediata de las señales.

«¡Cuerpo a tierra!», grita el sargento a su pelotón.

Tres segundos más tarde, las ráfagas de ametralladoras estallan, cortando las cañas de bambú por encima de sus cabezas.

Más tarde le preguntarán:

—¿Por qué ha gritado?

—¡No lo sé!

Meses después, intentará dar explicaciones: «Sabíamos que una unidad del Vietcong andaba cerca. Miré al cielo y me di cuenta de que el sol estaba a punto de salir de entre las nubes y de que nos daría directamente en los ojos. Estaba seguro de que elegirían ese momento para atacar».

Lo mismo ocurre con el jugador de póquer profesional que arriesga, si no su vida, al menos su capital, en cada partida. Tras muchos años y después de haber jugado miles de partidas, ha desarrollado un instinto agudo. Este instinto le hace captar señales, advertencias que proceden de los demás, a las que obedece, tanto si sabe analizarlas como si no.

En resumen, parece que para entender el sexto sentido, una actitud pragmática lo asociaría a la noción de instinto vital. Podríamos intentar definirlo así: «Sentido complementario, aferente al psiquismo, que produce acciones instintivas inmediatas».

SABER LEER LO REAL

«Nuestra actitud depende de los movimientos que realizamos; ahora bien, estos movimientos van en estrecha correlación con nuestro carácter y con nuestra manera de reaccionar ante acontecimientos o circunstancias.

Nuestros movimientos son, en su mayoría, inconscientes, por lo que ofrecen información sobre nuestra manera de ser, de un modo muy preciso, a quienes se molesten en observarnos.

Como norma general, un individuo, cuanto más gesticula, menos control tiene sobre sí mismo.

Al gesticular pierde gran cantidad de fuerza nerviosa, que debilita la posesión de sí mismo».

(J.-L. Victor, *Signes et Présages dans la vie quotidienne*, Ed. De Vecchi.)

Sexto sentido e inmediatez

Los cinco sentidos tienen en común con el sexto la inmediatez, para unos de la percepción, y para el otro de la acción resultante de dicha percepción.

Por supuesto, todo el mundo se habrá dado cuenta de cómo se sostiene esta definición en lo que habíamos aprendido del inconsciente gracias a Freud. Esto procede del hecho de que damos una gran importancia a la noción de espontaneidad (antinómica del consciente), que anula todo tipo de reflexión o imaginación. Además, lo que intentamos establecer con esta proposición es la complementariedad necesaria y suficiente entre los cinco primeros sentidos, modo de conocimiento primario, y el sexto, modo de acción, también primaria. Pretendemos señalar así la conexión directa entre percepción y acción resultante. También querríamos precisar que, normalmente, tras la percepción mediante los sentidos normales, hay una concertación entre el individuo y sí mismo; después, una reflexión; después, a veces, una intuición; y después, al fin, una eventual acción. Por tanto, por un lado hay intelectualización de un hecho, o de un problema. Cuando colocamos este sexto sentido al mismo nivel, aunque psíquico, que los demás, que son perceptivos, intentamos suprimir cualquier idea de abstracción o de intelectualización. Dicho de otro modo, en esta visión del sexto sentido hay más que una alusión: hay un regreso formal al instinto y, más concretamente, a su corolario, a la ausencia de memoria, la que intelectualiza un problema convirtiéndolo en un problema humano, no animal. Este es un término determinante, animal, que nos acerca aún más a lo que podría ser el sexto sentido. Así pues, podríamos dar una definición casi en el sentido contrario. El sexto sentido no existe más que en lo que queda de animal en nosotros y que perdemos cada día un poco más por la intelectualización y el alejamiento de la naturaleza.

Lo que sugiere el sexto sentido

Sólo nos queda echar una ojeada a todo lo que nos sugiere el sexto sentido y que no pertenece al conjunto de proposiciones que acabamos de exponer.

La videncia

Es un campo delicado porque entre los videntes podemos encontrar de todo y, como en los dentistas, sólo uno de cada diez es un buen profesional. Todos tienen en común el ánimo de lucro. Es humano: todos necesitamos dinero. Pero alguna vez un vidente ha dado una respuesta de una exactitud sorprendente. En ese caso desconoce por qué se ha dejado llevar hasta el punto de correr ese riesgo. No sería capaz de explicarlo si alguien se lo preguntara. Sea lo que sea, algo ha ocurrido. ¿Se trata de ese instinto, del que acabábamos de hablar? ¿Es esa posibilidad de captar y de interpretar sobre el terreno algunas señales?

Las premoniciones

Hemos hablado mucho de ellas, en relación con los estudios del profesor Richet, hombre de grandes cualidades y apóstol del sexto sentido. La actitud de este hombre de ciencia ha resultado incomprensible para muchas personas. Por supuesto, hubo precedentes, como Galileo. De algunos ejemplos que ya hemos relatado, los más determinantes se nos escapan ciertos detalles. La sinceridad y los deseos del profesor Richet son flagrantes. ¿Basta esto para aceptar todo lo que postula? Ossovietski dejó pronto de realizar la lectura a través del papel. ¿Temía otros procesos de control más rigurosos que los que realizaba el profesor Richet en su habitación del hotel? Nosotros nos planteamos la cuestión.

La telepatía

Habríamos podido extendernos más en este tema. No porque sea interesante, sino porque es exacto. La telepatía existe entre dos personas. Algunas están dotadas, otras menos, pero todo el mundo puede entrenarse y mejorar. Recordamos con emoción el experimento que realizaron los americanos entre dos telépatas, uno en Washington, otro a bordo del submarino atómico *Nautilus*, atracado bajo un banco de hielo en el polo Norte. Los resultados demostraron la realidad de la telepatía al igual que su imposible uso por falta de precisión. Rusos y americanos lo han intentado todo en este campo.

¿Acaso todo tiene explicación?

¿Qué queda entonces de este sexto sentido que está siempre cerca de nuestra necesidad de algo maravilloso, el que ya no encuentra nada para saciar su sed desde que la religión ha pasado de moda y el dinero racionalista y el triste desempleo lo han repintado todo sin matices, en blanco y negro? ¿Y el azar, ese que algunas personas confunden con Dios cuando le piden que les haga ganar a la lotería? No, aún queda la necesidad de algo maravilloso.

Cuando el capitán de un barco quiere regresar al puerto a través de la bruma, se enfrenta a la casualidad: «¿Voy hacia la derecha o hacia la izquierda?». Lo habría podido echar a suertes, pero no lo hace, ¿por qué? Hay dos razones complementarias pero de innegable valor.

Una es que, al tomar él mismo una decisión, sigue existiendo. Esto implica que no acepta ser nada. Si aparenta asumir sus responsabilidades, todo va bien. La segunda razón por la que no lo echa a suertes es que, en el fondo y en su semiinconsciente, se dice que, puesto que una de las dos opciones es la buena, tal vez exista una instancia superior (¿divina?) capaz de tomar la decisión por él o, al menos, de hacérsela tomar a él. Esta esperanza tiene que enfrentarse a la lógica, según la cual todo individuo se cree digno de ser salvado.

Esto podría ser una definición de sexto sentido: la capacidad de comunicarse con quien toma las decisiones. Ya le daremos el nombre adecuado.

Entretanto, todavía quedan cosas sin explicar; son pocas, son una bendición. Creamos en ellas con todas nuestras fuerzas, como niños. Algún día ya no las habrá.

ANEXOS

A continuación, le proponemos unos ejercicios y le damos unos consejos para que descubra sus capacidades extrasensoriales y aprenda a conocerse mejor. El sexto sentido, su sexto sentido, dependiendo de si lo ha descubierto o no, de si cree en él o no, aparecerá.

Su vida es una sucesión de percepciones, emociones, encuentros «particulares». Aprender a conocerse consiste en reunir todas las condiciones para acoger y entrar en contacto con «el otro». Hagamos nuestra aquella frase de Saint-Exupéry: «En la vida no hay soluciones, hay fuerzas en movimiento; hay que crearlas para que lleguen las soluciones».

EJERCICIOS DE OBSERVACIÓN

— Observe el tipo de construcción de los edificios de las calles por donde suele pasar. Se dará cuenta de hasta qué punto los mira poco.

— Observe los escaparates de las tiendas y los restaurantes, contemple los detalles, todo aquello que no se nota a primera vista.

— Observe a la gente con la que se cruce, fíjese en la ropa, el peinado, los rasgos de la cara.

— Por la noche, una sola vez, intente recordar lo que ha visto a lo largo del día y trate de visualizar los detalles que se le han escapado.

EJERCICIOS PARA DORMIR BIEN

El sueño es fundamental en los fenómenos de percepción. Los consejos que ahora le daremos tienen como objetivo hacer que se encuentre en buenas condiciones psicológicas.

Suprima el consumo de café, té o alcohol. Son excitantes y no los mejores aliados para dormir bien.

Por la noche, cene algo ligero.

Justo antes de ir a dormir, coma una manzana o tome una infusión.

Realice algunos ejercicios de gimnasia o respire profundamente unas cuantas veces.

Aprenda a reconocer los signos precursores del sueño. Los niños, por ejemplo, se frotan los ojos, pero en los adultos existen otros signos; aprenda a identificarlos y váyase a dormir en cuanto aparezcan.

Piense en algo agradable antes de dormirse.

Estírese sobre su espalda, con los brazos a lo largo del cuerpo, y cierre los ojos. Imagine que su cuerpo se vuelve pesado hasta el punto de hundirse profundamente en el colchón. Empiece por los pies; visualice bien cada uno de los dedos de ambos pies y vaya subiendo progresivamente hasta la raíz del cabello.

AGUDEZA SENSORIAL Y SEXTO SENTIDO

Para desarrollar el sexto sentido se necesita incrementar la agudeza sensorial. En efecto, sólo esta nos sitúa en las condiciones psicológicas y sensitivas propicias para una receptividad máxima de las diferentes «señales» que emiten las personas y las cosas que nos rodean.

Para ello, hay que dedicar unos veinte minutos al día a mirar y escuchar lo que ocurre a nuestro alrededor. Esta actividad de los sentidos, por muy simple que parezca, es fundamental. La mayoría de nosotros hemos perdido la capacidad de utilizar nuestros sentidos, que son nuestro lazo más sólido con el mundo, según todo su poder. Para desarrollar el sexto sentido, antes de nada hay que dominar los cinco primeros. Las sesiones de escucha y de observación permiten progresar notable y rápidamente.

Consiga superar su timidez y las reglas del «decoro», que pretenden que evitemos mirar cara a cara a los demás. Para ser capaz de ver o de oír toda la gama de reacciones inconscientes de la gente, hay que mirarlos con atención y amabilidad. Sin entrenar resulta imposible descubrir estas reacciones que la consciencia no controla.

La mayoría de nosotros ya no «ve» las reacciones de la gente a causa de haber dejado de utilizar y entrenar este sentido de la observación. Las personas nos parecen tan opacas como una roca, y sus emociones parecen indiscernibles.

Para conseguir desarrollar su agudeza sensorial, siga los siguientes consejos:

No haga caso de las normas sociales: autorícese a mirar a los demás a los ojos.

Para evitar sentirse incómodo con las personas de su entorno, elija a gente anónima en restaurantes, medios de transporte o cualquier lugar público. La mayoría de la gente no se da cuenta si es observada.

Observe cualquier cambio. Cualquier modificación en los rasgos de la cara o en el comportamiento significa que ha habido una reacción. La alegría, incluso contenida, el placer, los pensamientos insistentes o las preocupaciones que cruzan la mente de una persona se manifiestan la mayoría de las veces produciendo una reacción externa. Iguales pensamientos provocan siempre en una determinada persona la misma reacción. Son reacciones que hay que aprender a ver y a descifrar.

No preste atención sólo a las reacciones extremadamente visibles: una mandíbula crispada, un rubor o los brazos cruzados. Concentre todos sus esfuerzos en la percepción de las reacciones sutiles, como una contracción muscular, el ritmo de la respiración, los ínfimos cambios en el labio inferior o una coloración ligeramente diferente de la piel que pasan desapercibidos con facilidad.

EJERCICIO PARA CONOCER LA EXPRESIÓN DE LA MIRADA Y DE LOS OJOS

«Los ojos reflejan salud o malestar del cuerpo, y estas manifestaciones pueden experimentarse de maneras diferentes: al notar la expresión característica de los ojos y su emplazamiento en las órbitas, o al observar la estructura y el funcionamiento del globo ocular.

¿Son realmente los ojos reflejo del alma? ¿Qué revelan de nuestros sentimientos internos, de nuestras pasiones, de nuestros miedos?

Deje por un momento el libro y mírese los ojos en un espejo. Contémplelos como si fuera la primera vez. Cuando ya haya visto el reflejo en el espejo, aparte la vista por un momento e intente hacerse una idea de lo que sus ojos dicen de usted. Entonces empiece de nuevo a mirarse "en los ojos" y examine su forma, su brillo, cómo encajan en el rostro».

(F. PADRINI, Le Langage secret du corps, Ed. De Vecchi.)

TÉCNICA PARA VIVIR EN ARMONÍA CON SU PROPIO RITMO

«Todas nuestras funciones biológicas sufren altibajos. Los ritmos están programados genéticamente, pero también están influidos por factores externos como son la alternación luz/oscuridad, ruido/silencio, actividad/reposo, los límites sociales. Desde 1972 se sabe que nuestro reloj biológico se halla en el hipotálamo. Una hormona, la melatonina, segregada de noche por la hipófisis, sincroniza nuestro ritmo circadiano.

Este conocimiento de nuestros ritmos debe permitirnos a cada uno ajustar sus actividades.

De 9 a 11 h es el periodo propicio para el trabajo intelectual, las operaciones de cálculo mental y los ejercicios de memoria.

De 13 a 15 h es el momento ideal para echar una siesta o descansar. Hay que renunciar a los trabajos difíciles y evitar largos trayectos en coche durante este intervalo.

De 15 a 19 h es el mejor momento para practicar un deporte. También es el tiempo propicio para programar los trabajos intelectuales más arduos, así como las reuniones importantes.

Si uno prefiere las mañanas, es que la secreción de hormonas estimulantes (cortisol, adrenalina) está al máximo durante ese periodo. Así pues, por la mañana hay que programar el máximo de actividades intelectuales y físicas. Cuando llegue la noche, habrá que acostarse pronto. Si a uno le gustan más las tardes, habrá que hacer lo contrario. Un mejor ajuste de las actividades en nuestro reloj interno debe permitirnos cansarnos mucho menos».

(Doctor J.-P. EHRHARDT, *Comment vaincre l´épuisement*, Ed. De Vecchi.)

www.ingramcontent.com/pod-product-compliance
Lightning Source LLC
Chambersburg PA
CBHW072350090426
42741CB00012B/2992